Learn to Speak the Way Successful Adults Speak

できる大人のモノの言い方

カシコく
世間を生き抜く
ためのすごい
フレーズ集

話題の達人倶楽部［編］

青春出版社

カシコく世間を生き抜くためのすごいフレーズ集！——はじめに

落語家の立川志の輔師匠は、世相を巧みにとらえた「枕」の名手としても知られるが、ある日の一席ではこんな内容の枕を振っていた。同じ人やモノを表現するにしても、言葉の選び方次第で、悪口にもほめ言葉にもなるという話である。

たとえば、中古のカメラを「古いカメラだなァ」と言えば、けなしていることになるが、「懐かしいカメラ」と表現すれば、たちまちほめ言葉になる。計画性のない行動にしても「行き当たりばったり」と言えば悪口になるが、「臨機応変」と表せば言われた本人もニンマリ顔という次第である。「よれよれのコート」も「哀愁漂うコート」と言い換えれば——というのは、師匠一流のくすぐりだろうが。

昔から「丸い卵も切りようで四角、物も言いようで角がたつ」と言われるが、この日本社会、大人として世間を渡っていくには、年齢相応の「モノの言い方」を身につける必要があることはいうまでもないだろう。

そもそも、近所の人と出会ったときのあいさつからして、けっこうな難物である。まずは天気を話題にする人が多いわけだが、それならそれで、空模様に応じた言葉を選ばなければならない。

たとえば、同じく曇りの日でも、その〝曇り方〟に応じて、
・どんより曇っているときには→「はっきりしないお天気ですね」
・さらに曇って空いっぱいに雲が広がっているときには→「ひと雨来そうですね」
・雨が降り始めれば→「あいにくのお天気で」
というように、〝状況〟に応じて言葉を使い分ける必要がある。

これがビジネスシーンになると、話はさらに複雑になる。置かれた立場や上下関係が絡んでくるからである。たとえば、初対面のあいさつにしても、「うんと目上」「ちょっと年上」「同格」「年下」といった相手に応じて、微妙に言葉を使い分けなければならない。もちろん、目上の人にぞんざいなあいさつはできないし、逆に年下に丁寧すぎる言葉を使うと、かえって慇懃無礼に聞こえることもある。一回りも年下の人に「よろしくご指導ください」と言えば、皮肉と受け止められかねないのだ。

というわけで、時と場合と相手に応じて、的確な言葉を選べなければ「できる大人」とはいえないわけである。まとめると、私たちは、「できる大人のモノの言い方」とは、次の二つの力を兼ね備えていることだと考えている。

1　「タイミングと状況」に応じて、的確な言葉を選べる力

2　会話の「相手」に応じて、的確な言葉を選べる力

の二つの力。いわば「言葉の判断力」である。もちろん、語彙や文法に間違いのないことは、その大前提になる。

そこで、この本では、「大人」としておさえておきたい「言い回し」の代表的な用例を可能なかぎり実践的にまとめた。その言葉の微妙なニュアンス、使うべきタイミングなどについて、紙数の許すかぎり紹介した。今日から、朝のあいさつに、営業活動に、会議の仕切りに役立つ本作りを心がけたつもりである。

というわけで、時候のあいさつから、クレームをさばく言葉まで満載したこの本。あなたも「モノの言い方」をしっかり身につけて、言葉で損をしない人になっていただければ幸いに思います。

二〇〇七年七月

話題の達人倶楽部

できる大人の「モノの言い方」■目次

2 人間関係が面白いほど上手くいくモノの言い方 41

3 自分の思いがキチンと伝わるモノの言い方 63

4　ここ一番で効果抜群のモノの言い方　91

5　大人なら使いこなしたい絶妙なモノの言い方　111

9 そんな「言い換え」ができたのか！ 223

DTP■フジマックオフィス

1

好感度が突然
アップする
モノの言い方

話の「キッカケ」で使えるこの言葉……あいさつ・社交辞令

◉お互いに気持ちが良くなる天気と時候のあいさつ

□はっきりしないお天気ですね

降りそうで降らない、ぐずついた曇り空の日用のフレーズ。天気予報で雨マークが出ているのに、なかなか降らない。そんなときに、「はっきりしないお天気が続きますね」などと用いる。ただし、曇りでも、空が明るくなり、晴れの兆しが見える場合には不似合いで、「晴れてきそうですね」がベター。

□あいにくのお天気で

運動会や旅行など、晴れてほしい日に、雨が降った場合に用いるフレーズ。「楽しみにしていたのに、あいにくのお天気で残念ですね」などと使う。また出かけようとする近所の人とすれ違うとき、相手の用向きを知らなくても「あいにくのお天気ですね」と、あいさつ代わりに用いてもいい。

□ひと雨来そうですね

空が曇ってきて、いかにも雨が降り出しそうなときに使えるフレーズ。とくに、にわか雨が降ってきそうなときによく似合う。蒸し暑いときには、「これでひと雨来ると、涼しくなりますね」などと言ってもいい。ただし、梅雨どきや、毎日雨が降っているような場合にはやや不似合い。

□……の季節になりましたね

「桜の季節になりましたね」など、時候のあいさつの定番フレーズ。「新緑（五月）」や「紅葉《もみじ》（十月、十一月）」、「ひなまつり（三月）」や「入学式（四月）」、「初鰹（五月）」や「ふぐ（十二月、一月）」など、植物や年中行事、食べ物で表すことが多い。

□いつまでも暑いですね

残暑の頃、よく用いられる時候のあいさつ。暦のうえでは、八月七日頃に立秋を迎えるわけだが、現実的には八月前半に使うのは時期尚早。地球温暖化の昨今は、九月になっても、いっこうに涼しくならないとき「いつまでも暑いですね」「もうすぐお彼岸なのに、暑い日が続きますね」などと用いるといい。

□ずいぶん蒸しますね

梅雨どきや夏など、蒸してジメジメするときに用いるフレーズ。本当は「蒸し蒸しして、いやですね」と言いたいところを、あえて「蒸しますね」でとどめる。〝マイナス言葉〟を用いないことで、不快な気分をあからさまにしないように配慮した表現。

□過ごしやすくなりましたね

暑い盛りを過ぎ、涼しさを感じ始めた頃に用いるフレーズ。昼間はまだまだ暑いが、「朝晩は過ごしやすくなりましたね」と、限定的にも使える。また、厳寒期を過ぎて、寒さがやわらいできたときにも用いる。「しのぎやすくなりましたね」も同じ意味。

□一年はあっという間ですね

年末など、一年の節目に用いるあいさつ言葉。たんに「今年も終わりですね」と言うよりも、感慨深さを感じさせる。転勤して丸一年になる人などには、一年間の節目としても使える。

□いよいよ、おし迫ってきましたね

年の暮れが近づき、あわただしい雰囲気を伝えたいときに用いるフレーズ。「いよいよおし迫ってまいりました。あと十日で今年も終わりですね」「おし迫ってきましたね。そろそろ正月の準備を始めませんと」などと用いる。

□よいお年をお迎えください

年末のあいさつで、この一年のお礼を述べたあと、来年がよい年になるように願いを込めて用いるフレーズ。通常は、人との別れ際に「さようなら」代わりに使う。「今年一年、大変お世話になりました。それでは皆さん、よいお年をお迎えください」など。

◉人と出会った時の正しい声のかけ方は？

□お早いですね

早朝に出会った相手に用いる定番フレーズ。朝早くから活動する相手への敬意が含まれている。ただし、いつも早朝に出会う人や、早朝に出かけることを知っている人に使う

のは滑稽。たんに「おはようございます」で十分だ。

□お出かけですか

玄関先で出会ったり、駅へ向かおうとする知人に使うフレーズ。ただし、外出理由を知るのが目的ではないので、相手が「ええ、ちょっとそこまで」などと曖昧に返事したときは、それ以上詮索《せんさく》しないこと。「お気をつけて」「いってらっしゃい」と返せばいい。

□ご精が出ますね

庭いじりや洗車など、趣味的な作業に励んでいる人に対して、用いるフレーズ。「日曜の朝から、ご精が出ますね」などと使う。ただ、農家の人が田畑の手入れをしているなど、本業をしている人にはやや不似合い。農家同士など、同業者間なら使っても可。

□御無沙汰しております

しばらく会う機会がなく、手紙や電話などで近況報告もしていない相手に用いるフレーズ。とくに目上に対しては、「御無沙汰しております。すっかり失礼しておりまして、申し訳ございません」などと、お詫びの言葉を添えると、謙虚さを表せる。

□お変わりございませんか

久しぶりに出会った人に用いるフレーズ。「お久しぶりです」よりも、気遣いを感じさせる。「お変わり」の内容には、仕事や体調、プライベートなどいろいろなものを含む。「お元気でいらっしゃいましたか」も、ほぼ同じ意味。

□しばらくでございます

久しぶりに会った相手に、やや改まって、あいさつするときのフレーズ。「しばらくぶりでございます」「お久しゅうございます」なども同じ。続けて「お変わりございませんか」と相手の様子を伺ったり、「じつは先月まで……」などと、こちらの近況を報告するといい。

□これは珍しいところで

近所や取引先の人と、ふだん会わないところで、ばったり出会ったときに用いるフレーズ。ただ、「どんなご用事で?」などと、具体的に詮索するのはNG。「これは珍しいところでお会いしましたね。最近、いかがですか」などと、無難な会話にとどめたい。「これは奇遇ですね」も同じ意味。

◉次も会いたいと思わせる別れのひと言

□お先に失礼いたします

職場でまだ働いている人がいる場合、帰り際のあいさつとして、「お疲れさまでした」はやや周囲への配慮不足。「お先に失礼いたします」と、恐縮する姿勢を示したい。仕事が大変そうなら、「何かお手伝いすることはありますか」とひと言添えるとベター。相手も社交辞令とわかっているから、「いや、大丈夫。帰っていいよ」となるはずだ。

□どうぞお気をつけて、お帰りくださいませ

来客が帰るとき、玄関先で使う定番フレーズ。時間や天候などによって「夜も遅いですから、どうぞお気をつけて、お帰りくださいませ」「雨の中大変ですが、どうぞお足元に気をつけて、お帰りくださいませ」などと使うと、相手への十分な気配りを表せる。

□ごめんくださいませ

訪問先やパーティ会場など、改まった場での別れのあいさつに「さようなら」では、いささか子どもっぽい。かといって、「失礼いたします」では、ビジネスライクな印象を与

えてしまう。「ごめんくださいませ」なら、フォーマルかつ上品な印象を与えられる。

□お風邪など召しませんように

手紙やメールで、結びのあいさつとして使えるフレーズ。「寒い日が続きますので、お風邪など召しませんよう、ご自愛のほど」などと用いる。たんに「お体をたいせつに」とするより、相手の健康を気遣う気持ちを伝えられる。

□改めて、ゆっくりお話しましょう

立ち話であれ、来客応対であれ、相手との話を中断したいときに便利なフレーズ。「そろそろ遅いので」「次の予定があるので」というよりは、「今日は楽しかった」「またあなたとお話したい」という親愛の気持ちを表せる。

◉仕事で差がつく初対面のフレーズ

□私、○○社の内藤と申します

自己紹介の基本パターン。名刺を渡すときも、社名と名前を述べること。「内藤です」ではなく、「内藤と申します」と謙譲語で話すこともポイントだ。仕事で電話するとき

も、社名だけでなく、自分の名前も名乗るのが礼儀。

□どうぞよろしくお願いいたします

自己紹介で、仕事内容や趣味など自己PRを兼ねた話をしたとき、最後に付け加えたいフレーズ。長い話を引き締めると同時に、「これで自己紹介は終わりです」というシグナルになり、聞いているほうも次の話題に移るなど、リアクションをとりやすい。

□お会いできて、うれしく思います

初対面の相手が年下だったときに似合うフレーズ。同じような意味で「お目にかかれて光栄です」というフレーズもあるが、こちらは目上の人向き。

□これをご縁に、今後ともよろしくお願いします

自己紹介のあとに付けておきたいフレーズ。「袖振り合うも他生の縁」という言葉もあるように、「縁」という言葉を日本人は好む。覚えておくと、何かと便利だ。

□よろしくご指導ください

自分と相手との力関係がわからないとき、とりあえず使っておくと便利なフレーズ。相

手が明らかに目下の場合はともかく、こちらのほうが少々キャリアが長くても、使って損をすることはない。「ご指導のほど、よろしくお願いいたします」でも可。

□お見知りおきください

異業種交流会やパーティなどで、目上の人に対して自己紹介するときの定番フレーズ。自分の肩書きや名前を述べたあと、このひと言を添えると、謙虚さを伝えられる。

□今後とも、おつきあいのほどお願いいたします

自己紹介で、名前と肩書きを述べるだけでは、愛想がない。謙虚な姿を示すために添えておきたいフレーズ。相手が目上の場合はもちろん、目下の場合でも使いたい。相手が先に言った場合は、「こちらこそ、よろしくお願いいたします」と返せばいい。

□よろしくお引き回しください

新入社員や若手社員を紹介するときに用いるフレーズ。「このたび、御社を担当させていただくことになりました営業一課の水口です。よろしくお引き回しください」などと使う。上司や先輩がこう紹介してもいいし、新人が自己紹介に使ってもいい。ベテラン社員が使うと、謙虚さを表せることもあるが、嫌味に聞こえることもなくはない。

□ほんの駆け出しですが、よろしくご指導ください

入社数年目の若手社員が、自己紹介で使うフレーズ。丸きりの新人ではなく、少しはキャリアのある人が、目上の人に対し、謙遜の意味で用いる。ただし、同じぐらいのキャリアの相手に使うと、嫌味に聞こえることもある。

□ご縁ができて、こんなにうれしいことはありません

初めての相手との商談がまとまったとき、最後に付け加えたいフレーズ。たとえ、取引が不成立でも、以後、何かしらのつきあいが生じないとも限らないから、使っておいて損はない。

□ごあいさつが遅れましたが

パーティなどで、たまたま話題が合うなどして、自己紹介を省いて話が盛り上がることがある。タイミングを見計らって、名刺交換などをしたいとき、用いると便利なフレーズ。このひと言があると、相手もいままでの話題をさておき、自己紹介しやすくなる。

□申し遅れましたが、私、野田と申します

電話や来客応対で、伝言を頼まれたときなどに用いるフレーズ。伝言を受けたあと、相手から「失礼ですが、お名前をお教えいただけますか」と言われたときは、冒頭に「失礼しました」を付けること。名前を聞かれなかった場合も、責任の所在を明らかにするため、名乗っておいたほうがいい。

□失礼ですが、何とお読みすればよろしいのでしょうか

相手から名刺をもらったが、名前の読み方がわからないときに用いるフレーズ。「変わったお名前ですね。何と読むのですか」といった聞き方では、「読みにくい名前なのが悪い」と、相手を非難しているように聞こえる。「失礼ですが」を添えることで、読めない自分を恥じる気持ちが伝わる。

◉話しかけるときの言葉、話を続けるときの言葉

□お仕事中、失礼いたします

相手が仕事中に話しかけるときの定番フレーズ。仕事中の上司にも使えるし、受付のない会社を訪問したとき、社員に声をかけるときにも使えるフレーズ。事前にアポをとっていても、いきなり「黒木さん、いらっしゃいますか」と聞くのは失礼。まず、仕事を

邪魔することへの気遣いを表し、その後、用件を伝えたい。

□ご覧に入れたい○○があるのですが

上司や目上の人に見せたいものがあるときの定番フレーズ。「これを見てください」では、敬意不足で失礼になる。「見る」の尊敬語は「ご覧」なので、「見てもらう」場合は「ご覧に入れる」になる。「見ていただく」「お目にかける」も尊敬語だが、「ご覧に入れる」より、ややくだけた印象になる。

□ご存じかと思いますが

商談などで、相手も知っているであろうことを話すときの前置き用フレーズ。「ご存じかと思いますが、A社の倒産により、商品の入手が困難になっております」などと用いる。このフレーズを省いてA社の倒産の話をすると、「そんなことは知っている」と相手の反感を買いかねない。

□すでにお聞き及びのことと思いますが

相手も薄々気づいているであろう悪い話をするときの前置き用フレーズ。こう言われると、相手は「たぶん、あの話だろう」と察し、覚悟をもって話に臨める。逆に、相手にとって寝耳に水の話なら、「まことに申し上げにくいのですが」と切り出すといい。

□ちょっとお耳に入れておきたいことがございます

上司にマイナス情報を伝えるとき、前振りとして用いるフレーズ。こう言えば、相手が大人なら「これから悪い話をお伝えします」と暗にほのめかしていることに気づいてくれるもの。「○○の件について、お聞きになっていらっしゃいますでしょうか」という言い方もある。

□もう少し続けさせていただいて、よろしいでしょうか

約束の商談時間が過ぎても、話がまとまらない。さらに話を続けたいときに用いるフレーズ。何も言わずに話し続けるのは、相手の時間の都合を配慮しない失礼な行為。「よろしいでしょうか」と断って続けることで、気配りのできる人間と印象づけられる。

◉親近感を持ってもらえる社交辞令のフレーズ

□いつまでも、お変わりありませんね

年輩の人が、いつまでも元気なさまでいることを喜んで使うフレーズ。久しぶりに会っ

た親戚のおじさんや、学生時代の恩師などが、めっきり老け込んでいることもあるが、そんなときもとりあえず口にしておきたい。本人が老いを自覚していないこともあるし、自覚していても「変わらない」と言われるのはうれしいもの。

□最近、お仕事のほうはいかがですか

あまり親しくない親戚や近所の人と話をするとき、共通の話題が見つからないことがある。そんなとき、場をもたせるのに便利なフレーズ。漠然とした聞き方なので、相手は話したくなければ適当に答えるだろうし、話したければ具体的な内容を話すだろう。

□近くにお越しの際は、ぜひお立ち寄りください

引っ越しのあいさつで用いる定番フレーズ。とくに手紙やハガキでの通知に、よく用いられる。さらっと述べておけば、相手も社交辞令ととらえるので、実際の訪問にはいたらない。

□その節は、お世話になりました

ごちそうになったり、仕事で世話になったとき、その場でお礼を述べるのは当然のこと。次回会ったとき、もう一度感謝の気持ちを伝えておくと、ぐんと好感度が高まる。お世

話になって日が浅い場合は、「このたびは、お世話になりました」と言えばよい。

□その節は、たいへん勉強になりました

取引先など、目上の人から苦言や小言をもらったとき、後日、言っておきたいフレーズ。苦言に対する感謝の気持ちを表すと同時に、「言いすぎたかな」と不安に思っている相手を安心させる効果もある。なかなか会う機会がない場合、手紙やメールで使うのも手。

□当日は、よろしくお願いいたします

パーティや異業種交流会などに出席するとき、招待状の「出席」に丸を付けると同時に、肉筆でひと言添えておくと、ていねいな印象になる。「当日は、よろしくお願いいたします」「当日は、お世話になります」といったフレーズで、幹事をねぎらう気持ちを伝えられる。

□いずれ改めてお礼に伺います

仕事で格別の便宜を図ってもらったとき、内容によっては、改めてお礼しなければ失礼にあたることがある。そんな場合は、とりあえず感謝の言葉を述べたあと、こう言っておくといい。

□これにこりずに、またよろしくお願いします

何かを手伝ってもらったときなどに用いる社交辞令。たとえば、スポーツ大会の手伝いなど、プライベートなイベントでお世話になった相手に、「おかげさまで本日はとどこおりなく進行しました。これにこりず、またぜひよろしくお願いします」などと用いるといい。ただし、自腹を切るなど、かなりの負担をかけた場合は、失礼になる。

□たまには、おつきあいください

多忙な人に、とりあえず親愛の情を示しておく言葉。実際にいまは誘わない場合でも使える。「今度、久しぶりにいかがですか。お忙しいでしょうが、たまにはおつきあいください」などと用いる。

□ご活躍との噂を伺っております

風の噂で、何となく動向を知っている相手に、お世辞をこめて用いるフレーズ。「お久しぶりです。独立してご活躍との噂を伺っております」などと用いる。まったく噂を聞かない場合や、悪い噂しか聞かない場合は、嫌味に聞こえかねないので使わないこと。

□いいことを教えていただきました

上司や取引先などから、役立つ情報を聞いたときに用いるフレーズ。「いいことを教えていただきました。さっそく試してみます」「いいことを教えていただきました。勉強になります」などと用いる。すでに知っている情報でも、こう言って知らなかったふりをして、相手を立てるのが大人の態度というもの。

□お懐かしゅうございます

長らく会っていなかった目上の人に対し、感慨を込めて用いるフレーズ。また、やや時代がかった言い回しなので、使う場所や相手によっては滑稽になるが、何十年ぶりに会う恩師やお世話になった人など、高齢の人に用いると、こちらの喜びをいっそう伝えられる。

□いつもうちの○○がごやっかいになりまして

自分の子どもがお世話になっている先生などに対し、保護者としてお礼を述べるときのフレーズ。「お世話になりまして」より「ごやっかいになりまして」というややくだけた表現のほうが親密な雰囲気を演出できる。

◉お店で、街で…相手と絶妙な「距離」をとる言葉

□見ているだけですから、ありがとう

商店で、一人でじっくり商品を見たいときに、使えるセリフ。店員が声をかけてきても、「見ているだけですから。ありがとう」といえば、一人にしてもらえる。ほかにも「じっくり見させていただきたいので」「いろいろ、見てから決めたいので」などと言ってもいい。

□同席させていただいてよろしいですか

飲食店で相席させてもらうとき、先客に対してかけるひと言。「ここ空いてますか?」と言っても意味は通じるが、「すみません、同席させていただいてよろしいですか」と言うほうが、感じがよい。

□申し訳ありません。大丈夫ですか

電車の中で、うっかり他人の足を踏んでしまったときなどに使えるひと言。たとえ不可抗力であったとしても、踏まれた方の気持ちになって謝るのが、大人の礼儀。無視したりせず、「ごめんなさい、大丈夫ですか」「申し訳ありません」と素直に謝りたい。

このひと言で相手をのせる、誘導する！……あいづち

◉相手の自慢話に効く「あいづち」

□よかったですね

自慢話に対する定番のあいづち。相手が自慢げだったり、何度も聞かされた話だと、つい皮肉の一つも言いたくなるものだが、それでは反感を買いかねない。内心では辟易《へきえき》していても、一緒に喜ぶ姿勢をみせるのが、大人の振る舞いというもの。

□それは何よりです

子どもが有名大学に受かった、良縁に恵まれたなど、身内の自慢話をする相手に使いたいあいづち。聞くほうにはどうでもいい話でも、話し手にとっては何よりもうれしい話

なのだから、その気持ちを察して応じるのがベター。

□うらやましいですねえ

人は、自慢話をするとき、たんに話したいだけでなく、「うらやましがってほしい」と思っているもの。そんな相手には、何より効果的なのがこのあいづち。ただし、多用すると卑屈な印象を与えたり、やっかんでいると思われかねないので、何度も使わないこと。

□それは、それは

自慢話に対して、ことさら驚いて見せたいときに用いるフレーズ。たとえば、相手がよりおもしろがらせようと誇張して言っているとき、こちらも大げさにうなずきながら言うと、場をいっそう盛り上げられる。

◉話を引き出すのに効く「あいづち」

□と、おっしゃいますと

相手が言葉を濁したり、抽象的な言い方をしたときに、続けて使うフレーズ。たとえば、相手が「あちらも、いろいろとあるようですよ」などと、何か面倒が起きていそうな口ぶりのときに、「と、おっしゃいますと」と応じれば、相手はより具体的に話しやすくなる。

□なるほど

人の話に対するあいづちの定番。納得できない話であっても、はっきり同意したわけではないので、こう応じておけば間違いはない。相手も、積極的に肯定されたわけではないにしても、何となく同意されたように感じて、少なくとも不快には思わない。

□ほう、そういうものですか

上司や先輩などからウンチク話を聞かされたときに、使うと便利なあいづち。「いやあ、知りませんでした」というよりも、話題に関心を抱いている印象を与えるので、相手はより気持ちよく続きを話すことができる。

□いやそれは、おもしろいですね

いまの話題について、相手にもっと話してほしいときに使うあいづち。「おもしろい」という言葉に、相手は自分の話を肯定された気分になり、もっと話したい気持ちになる。真面目な話で「おもしろい」が使いにくい場合には、「興味深いお話ですね」と言いかえればいい。

□それからどうしたのですか

相手の話をさらに引き出したいときに用いるフレーズ。話し手は、聞き手が自分の話を退屈に思っていないか、不安に思っているもの。「それから？」と水を向ければ、相手はより気分よく話せる。

◉共感を示すのに効く「あいづち」

□まったくです

相手の言うことに、深い同意を表したいときに使うあいづち。「まったく」には「完全に」という意味があるので、相手の話をすべて肯定しているという印象を与えられる。さらに深く同意したければ、「まったく、おっしゃるとおりです」「まったく、ごもっともです」と言えばいい。

□お察しします

仕事やプライベートの愚痴を聞いたときのあいづち。とりわけ酒の席では、安易に「そのとおりです」「わかります」などと言うと、「お前に何がわかる」とからまれかねない。殊勝な顔つきで「課長のご苦労、お察しします」などと言っておいたほうが無難だ。

□そう考えるのも当然だと思います

悩みを口にするとき、人はその人なりにどうすればいいか、解決法を考えていることもある。その方法が多少おかしく思えても、まずは「そう考えるのも当然ですね」と肯定したい。本人なりに真剣に考えた結果なのだから、頭から否定するのは相手を傷つけることになる。

□わかりますよ、その気持ちは

愚痴を聞くとき、話し手に非があると思っても、まずはこう言っておきたいフレーズ。「気持ちはわかる」と言われると、話し手はとりあえず気分を晴らせる。話し手は、問題の解決法よりも、不満のはけ口を求めているのだから、その気持ちを察して、こう応じておけばよい。

□それはさぞ、お困りでしたでしょう

悩みを相談されたとき、まず大事なのは相手に同調すること。「それはさぞ、お困りで

したでしょう」と言えば、相手は「この人は味方だ」と思ってくれる。「この人になら話してもいい」と心を許すようになるので、より具体的な話を聞きやすくなる。

□ほう、それは大変でしたね

苦労話を聞くときは、その労をねぎらうと、相手はより気分よく話を続けられる。「大変でしたね」と気の毒そうな顔で大きくうなずけば、相手は「この人はわかってくれている」と感じ、続きを話しやすくなる。

□なるほど、一理ありますね

相手が何か提案してきたとき、それがつまらない案でも、一蹴したのでは相手に不快感を抱かせる。以後、「何を提案しても無駄だ」という無力感を抱かせることにもなりかねない。採用しない場合も「なるほど、一理ありますね」「おもしろい発想ですね」と肯定的なフレーズを使えば、相手のモチベーションを損なうことなく、「もっといい案を出そう」と思わせられる。

プロが教える会話の鉄則①

会話の基本原則

□いきなり用件を切り出さない

人に用件を切り出す前には、一言はさみたい。「いま、お時間ありますか」「少し話をしていいですか」などと断りを入れるのが、大人らしい態度。

□否定は肯定にして使う

会話中、否定語はなるべく減らすこと。「わかりません」「できません」「いません」「ありません」といった否定語を使うと、会話はとぎれてしまう。やわらかく言い換えられないか、言葉を探すこと。たとえば「できません」ではなく、「少々お時間がかかりますが」などのように。

□否定的なあいづちは、使わない

あいづちは、会話の潤滑油になるが、気をつけたいのは、否定的な言葉を使わないこと。「ウソー」「まさか」「そんなー」「ほんとうですか」といった疑うようなあいづちは、相手の気分を害するもとである。

□語尾を上げたり伸ばしたりしない

最近は「するとぉ」「はぁい」のように、語尾を伸ばす人が増えている。幼く、だらしない印象を与える話し方だ。発音するときは、語尾を短く切ったほうが、自然で大人にふさわしい話し方になる。

□「接続助詞」で話を長くしない

「が」「で」「ので」「けれども」などの「接続助詞」を多用して言葉をつないでいくと、ダラダラした話に聞こえがちだ。一つの文が長くなるため、話の焦点がボケ、何が言いたいのか、わからなくなってしまう。なるべく短いセンテンスで話すこと。

□語尾ははっきりと

日本語では、文の最後に意味を決定する重要な言葉がでてくる。最後まで聞かなければ、肯定か否定かもわからない。自信なげに語尾が消えてしまう人がいるが、そういう話し方をすると、聞き手は理解不能になってしまう。

□たとえ話を長くしない

たとえ話は、聞き手の興味を引きつける効果があるが、だからといって長くすると、話の本筋がボケてしまう。何が言いたいのか、わからない話になってしまうのだ。たとえ話は、短くおもしろくを心がけたい。

□断定的な言い切りは避ける

断定形の多い話し方には、人の反発を誘う危険性がある。説得したり、主張に耳を傾けてもらうには、きつい断定形を避けて話すこと。

□別れ際は、楽しい話で締めくくる

別れ際の印象がよければ、その記憶が残るもの。だから、話の最後には明るい話題を選びたい。楽しい話を思いつかなければ、「今日は本当に楽しかったです」のひと言でもいい。

□「さようなら」という言葉は、冷たく聞こえる

「さようなら」は、意外に冷たい響きの残る言葉。「さようなら」の後には、何か言葉を続けたい。「さようなら、またね」「さようなら、次回を楽しみにしています」でもいい。

2

人間関係が面白いほど上手くいくモノの言い方

上手なヨイショはどこが違うか――ほめる・ほめられる

◉外見をスマートにほめたいときのフレーズ

□よくお似合いですね

着ているものや持ち物だけを「キレイ」「上等そう」とほめると、物だけがほめられ、自分はほめられていないような気がして、不満に思う人もいる。一方、「よくお似合いですね」とほめれば、物と同時に相手のセンスもほめたことになる。同じ効果のある言葉に「いつもお洒落でいらっしゃる」「何を着てもお似合いですね」などがある。

□いつもおキレイですね

女性の美しさをほめるのは難しい。「キレイになったね」というと、「じゃあ、前はどうだったのよ！」と思われてしまう。これは、そんな誤解を与えない言葉。「いつも」ということで、「今も昔もキレイ」というニュアンスをこめられる。

□ちっともお変わりになりませんね

「年寄り」と思われることを気にしている年代、つまり年配者に対して使う。「ちっとも変わらない」＝「老いてはいない」ことなので、年配者にはほめ言葉になる。

□ほっそりしていらっしゃる

女性が女性をほめるときに便利なフレーズ。「ほっそりしている」とは、つまりは「やせている」ことなのだが、「やせ」という言葉には「貧相」というニュアンスも含まれてしまう。そこで、「ほっそりしている」と言い換えるわけだ。

□すてきなお召し物ですね

ほめるときのコツは、ポイントを見つけて具体的にほめること。この言葉の場合は、服装に焦点を絞っているわけだ。他に、「春らしい色のお着物ですね」「涼しげな色のお洋服ですね」などというフレーズも効果的。

□見事な着こなしですね

これは、普通の人にはまず着られないような、個性の強い色やデザインの服を着ている人をほめる言葉。平凡な服装の人に対しては使えない。

□目鼻立ちがはっきりしていらっしゃる

これは、赤ちゃんをほめるときの定番フレーズ。自分の子どもをこうほめられた母親は、ほぼ100％うれしく思ってくれるはずである。ただ、あまり〝はっきりしていない〟ときは皮肉にとられてもいけないので、「お母様に似ておやさしそうなお顔で」などのように言い方を変えること。

◉ほめられたときの一番いい「返し方」は？

□おほめにあずかりまして

目上の人からほめてもらったときには、謙虚な印象をアピールできるこのフレーズを使ってみよう。間違いやすいのが、「おほめにあずかりまして」ではなく、単純に「ほめていただき」と言ってしまうこと。これだと、相手を立てたことにはならないので、ご注意のほど。

□そう言っていただいてうれしいわ

「おきれいですね」などと、お世辞を言われたとき、いちいち真に受けて「いえいえ、そんなことありません」と否定すると、話がはずまなくなってしまう。「あら、うれしいわ」と素直に喜んでみせれば、会話の流れをよりスムーズにできる。

□あなたのような方にほめられるとうれしいわ

自分のことをほめてくれた人に対しては、相手のこともほめ返して、会話をはずませたい。これは、そんなときにピッタリのフレーズ。ほめられたとき、謙遜するだけでなく、ときにはこんな返しワザも使ってみよう。

□そのようなお言葉をいただいては恐縮いたします

「あまりに、ほめられすぎだな」と感じたときには、このフレーズが便利。謙虚でつつしみ深い態度、品性のよさを表せ、相手にますます気に入られることだろう。

□とても励みになります

ほめられたことを糧に、今後さらに努力する決意を表すフレーズ。この言葉を聞いた相手は、「前向きな人」と感じてくれるはずである。このバリエーションに「がんばる意欲が湧いてきます」「ますます元気が出てきました」などがある。

□もったいないお言葉です

フォーマルな席でお世辞を言われたときは、社交辞令と受け止め、謙遜した態度で対応するのが、大人の作法というもの。とりわけ、社会的地位の高い〝エラい人〟からほめられたときには、この言葉で対応し、謙虚さを示しながら、相手を立てよう。

□私ごとき者には、身にあまるお言葉です

これは、ほめられたことを利用して、相手を立てるフレーズ。「私ごとき」という表現で自分を低くして、「身にあまるお言葉」で相手への尊敬を表す。類似表現に「私ごとき者には、身にあまる光栄です」がある。こちらは、昇進したときや、賞を受けたときなどに使える。

□とても人様におほめいただくようなことでは

相手がほめてくれたときに返すフレーズ。この言葉によって自慢話と受けとられることを防げる。そして、この言葉を使ったときは、「当たり前のことをしただけです」とつ

け加えるのが、大人のお約束。そう謙虚に振る舞えば、相手は「そうはいっても、なかなかできることではありませんよ」と応じてくれるはずだ。

□私一人の力ではありません

仕事ができる人は、気持ちに余裕があり、まわりのことがよく見えているもの。だから、自分ががんばったときでも、自分一人の力でやり遂げたとは考えず、本心から「私一人の力ではありません」というこのフレーズが口をついて出てくるもの。聞いた人は、その謙虚な姿勢をみて、ますますその人を尊敬することになるわけである。

□私自身がいちばん驚いているんです

相手が「驚いたよ、すごいねえ」とほめてくれたときに、謙虚な姿勢を示しながら、多少のユーモアを交えて返せるフレーズ。成功しても舞い上がってはいない、自分でも成功するとは思っていなかったという気持ちを伝えるのに適した表現だ。

□もう勘弁してください

相手に持ち上げられ過ぎたときに、冗談めかして対応できるフレーズ。「ほめていただき、とてもうれしいのだけれど、照れくさい」という気持ちを、笑いを交えて相手に伝えられる。

□何も出ませんよ

ほめられときに、冗談めかして返せるフレーズ。とくに男性からほめられた女性が使うと、場をなごませることができる。

□どうもお恥ずかしいことで

たとえば、年をとってから再婚したり、子どもができるのは、おめでたい話ではあるのだが、照れくささもつきまとうもの。そんなとき、「照れくさい」「バツが悪い」というニュアンスをこめて、このフレーズを使うと、ほほえましい雰囲気を演出できる。

◉とにかくなんでもほめたいときのひと言

□すてきなご趣味ですね

ビジネスの場では、商談の前に趣味の話をすることがあるもの。趣味については、誰しもほめられて悪い気はしない。だから、会話をスムーズにするため、趣味をめぐるいくつかの無難なフレーズをマスターしておきたい。これは、その代表。人とはちょっと違った趣味をもつ人を持ち上げる定番フレーズ。

□明るい声ですね

人は「明るい人」に心惹かれ、元気づけられるもの。だから、「明るい性格」「明るい表情」など、「明るさ」はつねにほめ言葉になる。とりわけ、この言葉は女性向け。「声を聞くだけで元気になれるよ」などと続ければよい。なお、「いい声ですね」「よくとおる声ですね」もほめ言葉になる。

□機転がききますね

これは、年下に対するほめ言葉。相手の行動をきちんと見ていることが前提になっているので、言われたほうは評価されたことに満足するはずだ。ただし、年上、目上に対して使うと、皮肉のようにも聞こえ、ほめ言葉にはならない。相手を選んでこそ、生きてくる言葉だ。

□みごとな筆さばきですね

字の上手な人をほめるときは、単に「字がお上手ですね」と言うよりも、「みごとな筆さばきですね」と言ったほうが、ほめ言葉としての格調が高くなる。また、「上手」には、母親が子どもを「上手ね」とほめるような、上から見るようなニュアンスが含まれるので、目上・年上には使わないほうがいい。

□さすがにお目が高くていらっしゃる

オシャレで、身の回りのものにこだわりを持つ人に対して使うと、効果的なほめ言葉。似た言葉に、「さすがに目の利く方の選ぶものは違いますね」がある。選んだ品物をほめている形を取りながら、それを選んだ人の「目利き」ぶりをほめる言葉だ。

□いい目の保養をさせていただきました

古物商などは、お客の持ち込んだ品が価値のないものだとわかったとき、気分よく帰ってもらうため、このように言うことがある。遠回しに「今回はニセモノでしたが、これにこりずにまたいらっしゃってくださいね」というニュアンスを伝えるわけだ。一般人も、美術品や骨董品などを見せてもらったときに使える言葉。

□お庭、きれいにしていらっしゃいますね

これは、人の自宅に招かれたときの定番のほめ言葉。もちろん、マンションでは使えない、念のため。マンションでは、高層階であれば、見晴らしをほめるのがいちばん。低

層階の場合は、「使い勝手がよろしそうですね」など、間取りやシステムキッチンあたりをほめておくのが無難。

□すてきなお住まいですね

自宅やマンションを購入したお宅に呼ばれたときに言うお祝いの決まり文句。どのあたりがすてきなのか、建物のデザインや形なのか、間取りのよさなのか、日当たりがよいのか、交通の便、家の周辺の環境がよいのかなどを具体的にほめれば、なおよい。

□すてきなお店ですね

開店まもない店舗に呼ばれたときに言うお祝いの決まり文句。祝いの品を持って行き、差し出しながら伝えると効果的。ほかに、「きれいなお店ですね」「おしゃれなお店ですね」「きっと流行ること間違いなしですよ」なども使えるフレーズ。

□私では、とてもこうはいきません

このフレーズが使えるのは、自分と能力がほぼ同等か、少しだけ上の人をほめるとき。へりくだることで、相手への敬意を表す。ただし、若手社員あたりが大先輩に対して使うと、「そんなの当たり前」と思われ、「おこがましいやつ！」という印象を持たれかね

ない。相手を選んで使いたい言葉だ。

□とても真似ができません

自分よりも、能力や地位が上の人に対して使うフレーズ。似たような表現に「格が違いますね」がある。これは、「実力の違いを見せつけられた」という尊敬と驚きを表して、相手に優越感を存分に味わってもらうための言葉。

□たいへんなご出世ですね

サラリーマンにとって、人事異動は最大の関心事。栄転して満足げな人に対しては、最上級の言葉を投げかけよう。ただ、傍目には栄転でも、本人にとっては不満な異動もありうる。そのあたりは、相手の表情をみながら、言葉を使い分けたい。

□上品ですね

具体的なほめ言葉が思いつかないときに、いつでも使える便利なほめ言葉。たとえば、料理の味をどうほめていいかわからないときは「上品な味ですね」。相手の性格がよくわからないときは、「上品な方ですね」とほめておけばよい。

□みんなが頼りにするのがわかりますよ

周りの人の評判を利用して、相手をほめる言葉。言われた本人は、目の前でほめてくれる人だけではなく、周囲の人が認めてくれているということで、大きな満足感にひたることができる。

□やっぱり、○○さんがすると、違いますね

この言葉は、他の誰とも比較していないのだが、「他の誰よりも優れているあなた」というニュアンスを出せるところがポイント。○○に相手の名前を入れると、わざとらしさを感じさせることなく、相手をいい気分にできる。

「うれしい気持ち」の伝え方……感謝する・お礼を言う

◉お世話になったときのお礼のフレーズ

□おかげさまで助かりました

「おかげさまで」は、いろいろな場面で使える〝枕詞〟。もちろん「〝あなたの〟おかげです」という意味が含まれているのだが、あえて「あなた」という主語を言わないほうが、感謝の気持ちが伝わるという不思議な言葉。なお、このフレーズをさらに丁寧にした言葉に「おかげさまをもちまして」がある。

□お手数をおかけして、恐れ入ります

人になにかをしてもらったときに使えるお礼言葉の定番。「すみません」と「ありがと

う」という二つのニュアンスを込められる。「お手間をとらせました」「ご面倒をおかけして、恐れ入ります」もほぼ同じ意味。前者はやや感謝の度合いが軽い言葉、後者はより丁重な表現だ。

□お世話になりました

自分のために何かしてくれた人、自分の面倒を見てくれた人に対するお礼の言葉。同じような表現に「お世話さまです」があるが、これはかなり軽い表現なので、親しい人にしか使えない。

□お骨折りいただきまして

「お骨折り」は「ご面倒」や「お手数」と同じような意味。このフレーズも、何か援助をしてくれた人への感謝の言葉として使える。

□いつもありがとう

継続的に世話になっている人に対する感謝の言葉。たとえば、夫が妻に感謝するときに使うと、より夫婦愛が高まる効果があるだろう。また、雑用を一生懸命しているような部下に対して使うと、感激してくれるかもしれない。類似の言葉に「いつもすみませんね」がある。

□ありがとうございます。助かりました

電車の中で席を譲られたようなときは、ただ黙って座るのではなく、ひと言お礼の言葉を添えると、席を譲った人も他の乗客も、気分がよくなるもの。これは、そんなシチュエーションにぴったりのフレーズ。

□皆様のご親切が身にしみます

大勢の人に対して、感謝の気持ちをあらわすときの定番フレーズ。「身にしみる」は、しみじみと伝わってくるものがあることを表している。また、募金活動で集まったお金を受け取ったときなど、〝顔が見えない相手〟に対する感謝の言葉としても使える。

□お心遣いうれしく存じました

人に対して感謝するときは、単に「ありがとうございました」と言うよりも、自分が具体的に何に対して感謝しているかを明らかにしたほうが、より深く感謝の気持ちを伝えられるもの。そこで、この言葉は、相手の「お心遣い」と感謝の対象を明示しているわけだ。なお、「存ず」は「思う」「考える」の謙譲語。

□ご親切にありがとうございました

これも、感謝の対象をより明らかにする表現。ただ「ありがとうございました」と言うよりも、「ご親切」また「ご丁寧に」と付け加えることで、心より感謝しているというニュアンスが出てくる。

□皆様のご支援に厚く感謝申し上げます

「皆さんのお力添えにお礼申し上げます」と同じ意味のフレーズだが、少し硬めのあいさつや定型文の中で使える。壇上からのあいさつ、不特定多数の人に対するあいさつ文などで、感謝の気持ちを表すときに、よく用いられる言葉。

◉他人からモノをもらったときの言葉

□珍しいものをありがとうございます

出張や旅行に行った人から、おみやげをもらったとき、ただ「ありがとうございます」と言うだけでは芸がない。もうひと言「珍しいもの」と付け加えることで、そのおみやげの価値をきちんと理解していることを表せる。

□さっそく使わせていただきます

ものを贈る人は、「本当に使ってもらえるだろうか?」と、受け取る側の反応を気にしているもの。そこで、「さっそく使わせていただきます」と応じれば、相手の心配を吹き消し、効果的に感謝の気持ちを伝えられる。

□過分なおこころざしをいただきまして

この場合の「おこころざし」は、お見舞金などの金銭のこと。直接「お見舞金をいただきまして」というよりも、婉曲かつ丁寧な感じを表せる。たとえ、世間並の金額でも、「過分(=たくさんの)」といって、相手への感謝の気持ちを伝えるのが、大人のお約束。

□重宝しております

「重宝」は本来、「貴重な宝」という意味。そこから、「便利なもの」「使い勝手のよいもの」という意味が生じた。贈り物をしたほうは、役に立つものを贈ったかどうかを気にしているので、この「重宝」というフレーズで、その心配を打ち消し、感謝の気持ちを伝えたい。

□手厚いおもてなし、感激いたしました

これは、もてなしてくれた人への感謝の言葉。「感激」という強い言葉で、もてなしてくれた人の厚意を感じ取ったことを表しているので、相手は「もてなした甲斐があった」と満足してくれるはずである。

◉目上の人・お客様…大事な相手に感謝を伝えるには？

□感謝の言葉もありません

〝言葉もない〟と言いながら、感謝の気持ちを伝える定番フレーズ。「○○さんには、△△していただき、感謝の言葉もありません」という形で用いる。このバリエーションに、「感謝の言葉も見つからないほどです」「（ご親切には）お礼の申し上げようもございません」などがある。

□感激しております

単に「うれしく思います」「ありがたく思います」と感謝の気持ちを表すよりも、相手に対して強い感謝の気持ちを伝えられるフレーズ。「丁重なおもてなしに、感激しております」「お心遣いに、感激しております」などと使う。

□頭が下がる思いです

継続的に、親切、配慮、応援を受けている相手に対して使うと、ふさわしいフレーズ。使うときは、「日頃のご親切に頭の下がる思いです」「ひとかたならぬご尽力に、頭が下がる思いがしています」などと言いながら、本当に頭を深々と下げると、なお効果的に感謝の気持ちを伝えられる。

□痛み入ります

相手の親切に対して、感謝と申し訳なく思う気持ちを同時に表す言葉。「恐縮です」をより丁寧にしたニュアンスが含まれ、ありがたすぎて心苦しく思う気持ちを表現できる。目上の人に対しては、「おそれおおいことです」という最上級の表現もある。

□うれしゅうございます

「うれしゅう」は「うれしく」が音変化したもので、単に「うれしく思います」と言うよりも、上品に聞こえる感謝の言葉。貴重なものをいただいたときなど、「大変けっこうなものをいただきまして、うれしゅうございます」のように使うと、育ちがいいように思ってもらえることもある。

□ごひいきにあずかりまして

飲食店などの経営者らが、お客へのあいさつなどで使う決まり文句。普通のサラリーマンも、年配の顧客に対しては使える。「いつもごひいきにあずかりまして、ありがたく存じております」といって、頭を深々と下げるのが一つのパターン。

□お引き立てにあずかりまして

年始のあいさつ回りのときなどに使えるフレーズ。年始も、いつもと同じように「お世話になりまして」とあいさつしては、いささか芸がない。そこで、「お引き立て」「〜にあずかる」という古風な言葉を織り交ぜて、ふだんと違う雰囲気を演出すれば、新年の改まった感じが伝わるあいさつになる。

□いつも格別なお引き立てを賜り、厚くお礼申し上げます

これは、目上や顧客に対するお礼文の基本フレーズ。さらに、文の末尾に他の感謝をあらわす文を続け、「重ねてお礼申し上げます」のように締めくくることが多い。会話で使うと、いささか硬くはあるが、丁重な印象を与えることができる。

□お眼鏡に適って光栄です

目上の人に、何かを認められたり、気にいられたことに対する感謝の気持ちを表す言葉。この場合の「お眼鏡」は、人の資質や物事のよしあしを見抜く鑑識眼のこと。

□足を向けて眠れません

多少、時代がかった言葉ではあるが、これもハイレベルの感謝の気持ちを伝えられるフレーズ。「○○様には、いつもご配慮いただき、足を向けて眠れません」のように、言葉の頭に特定の「個人名」を入れて使うのが、定番の用法。

□思わぬ散財をおかけしました

ごちそうになったときに、感謝の気持ちを伝える言葉。ただ、値段の安い店でごちそうになったときに使うのは場違い。それなりに高そうな店で使うのがふさわしい。そういうときは、相手も特別な気持ちでごちそうしてくれたはずだから、単に「ごちそうになりました」と言うよりも、こういう改まったフレーズが受ける。

3

自分の思いが
キチンと伝わる
モノの言い方

願いが聞いてもらえる〝決め手〟の言葉——頼む・同意する・質問する

◉覚えておきたい依頼の基本フレーズ

□ご検討いただけませんか

取引先や上司に、何かを提案するときに用いるフレーズ。「こんなプランを考えてみたのですが、ご検討いただけませんでしょうか」などと用いる。「考えてもらえませんか」より、改まった印象になる。

□……願えませんでしょうか

取引先や上司に、ものを頼むときの定番フレーズ。「……いただけませんでしょうか」よりも言いやすいので〝噛む〟可能性は低くなる。「ぜひとも、ご出席いただきたく存じます。三日までに、ご返答願えませんでしょうか」など。

□まことに勝手なお願いですが

頼みごとをするときの定番フレーズの一つ。「まことに勝手な」と恐縮しているが、本当に勝手なお願いのときは、あまり用いない。「すみませんが」「ご足労ですが」程度の意味で使う。「まことに勝手なお願いですが、今週の金曜日までにお預かりできればありがたく存じます」。

□ご配慮いただけないでしょうか

多少の無理を承知で、頼みごとをするときに用いるフレーズ。「～でしょうか」と問いかけるかたちだが、実際は「ぜひ、聞き入れてほしい」と懇願している状態に近い。「お忙しいのは承知していますが、何とかご配慮いただけないでしょうか」などと用いる。

□ひとつお骨折りお願いいたします

年上の部下など、自分より年齢は上だが、地位が低い人に頼むときによく似合うフレーズ。「今回の幹事役は、山本さんにひとつお骨折りお願いいたします」など。低姿勢な物言いをすることで、命令しながらも相手を立てている印象を与えられる。

□お力添えくださいますか

仕事を手伝ってほしいときに用いるフレーズ。取引先や目上の人、あまり親しくない相手に用いる。たんに「協力してください」と言うより、「私だけでは力不足なので、ぜひあなたの力を貸してほしい」と、へりくだった印象を与えられる。「来月の企画、お力添えくださいますか」など。

□ぶしつけなお願いで恐縮ですが

初対面の相手、さほど親しくない相手に頼むときに用いられるフレーズ。「ぶしつけ」は「不作法」「無礼」という意味。「はなはだ、ぶしつけなお願いで恐縮ですが、一度お目にかかることはできないでしょうか」など。

□折り入ってお願いしたいことがあるのですが

気心の知れた人に、相手の負担になるであろう頼みごとをするときのフレーズ。「これから深刻な相談をするから、そのつもりで聞いてほしい」というニュアンスを含んでいる。「折り入って」は、「とくに心を込めて」「じっくりと」の意。「折り入ってお願いしたいことがあるのですが、近々お時間をいただけますでしょうか」などと用いる。

◉丁寧に頼むときの使える「言い回し」

□お手すきの折りにでも

急ぎではない仕事を頼むときの定番フレーズ。「暇なときに」と同じ意味だが、「暇」というと、「暇な時間なんてない」と反発を感じる人もいるだろう。「お忙しいとは存じますが、お手すきの折りにでも、お手伝いいただければ幸いです」と言えば、相手を憤慨させることはない。

□ご猶予いただくわけには、参りませんでしょうか

締め切りを延ばしてほしいときに、よく用いるフレーズ。「ご猶予」「いただく」「参る」と敬語を多用することで、期限を守れないことに対するお詫びの気持ちを込めている。「お借りしたお金、今月お返しするお約束でしたが、もう少しご猶予いただくわけには、参りませんでしょうか」など。

□ご一読いただければ幸いです

商品パンフレットなど、読んでもらいたいものを渡すときの定番フレーズ。とくに相手

からの求めでなく、こちらが読んでもらいたくて渡す場合に用いる。たんに「ぜひお読みください」「ご覧ください」と言うと、押しつけがましい印象を与えかねない。「別紙に記しましたので、ご一読いただければ幸いです」などと、手紙文にも使える。

□切にお願い申し上げます

何としても聞いてほしい頼み事をするときに効果的なフレーズ。頼みごとの内容を述べたあと、最後に当方の強い思いを示すために用いる。「切に」は「ぜひとも」と同意だが、ふだんあまり使わない言葉なので、よりせっぱつまった印象を与えられる。「身勝手なお願いとは重々承知しておりますが、切にお願い申し上げます」など。

□よろしくお取りなし、お願いいたします

仲裁を頼むときの定番フレーズ。「三田様の件、ご面倒とは存じますが、よろしくお取りなし、お願いいたします」など。

□ご善処いただきたく、お願い申し上げます

相手に、しかるべき処置を取ってほしいときに用いるフレーズ。故障した製品の修理になかなか来てもらえないが、「至急来てください」と明らさまな催促はしたくない。そ

んなとき、「なかなかご連絡いただけませんが、早急にご善処いただきたく、お願い申し上げます」などと用いる。商品発送が遅い場合のクレームにも使える。

□ご一考いただければ幸いです

相手に新しい仕事を提案するときなどに、相手の都合への配慮を表しながら、依頼するフレーズ。たんに「お願いいたします」より、あらたまった印象を与えられる。「お忙しいとは存じますが、今回の企画の件、ご一考いただければ幸いです」など。

◉ざっくばらんにお願いするときのひと言

□いま、忙しい?

後輩や部下などに、仕事を頼むときに用いるフレーズ。「いま、暇?」という言い方をする人もいるが、仕事中に「暇?」と聞かれて、いい気分のする人はいない。「いま、忙しい?」なら角をたてず、相手の都合を聞くことができる。

□私の分もお願いしていい?

たとえば、コーヒーを入れようとしている同僚に、自分の分も入れてほしいとき、「ついでに私の分もお願い」では失礼にあたる。たとえ同僚や後輩相手でも、頼みごとをするときは、「これ、やって」ではなく、「やってもらえる？」と謙虚な姿勢を示したい。「悪いんだけど、私の分もお願いしていい？」と言えば、相手も快く応じてくれるだろう。

□真鍋さんしか、できないと思うんです

どうしても引き受けてほしい仕事を頼むとき、使うと効果的なフレーズ。「この仕事は真鍋さんしか、できないと思うんです」「ぜひとも真鍋さんに、お願いしたいんです」などと名指しで頼むことで、断りづらいムードを演出できる。とくに、何度も一緒に仕事をしている相手に用いると説得力が高くなる。

□酒田さんなら、楽勝です

責任が重すぎる、自分には能力がない、といった理由で、依頼を断ろうとする相手を説得するときに使えるフレーズ。「楽勝」という軽い言葉を使うことで、さほど大変な仕事ではないというイメージを与えられる。それでも、相手が尻込みするときは「私もお手伝いしますから」と、フォローの言葉を添えるといい。

◉気持ち良く依頼を引き受けられますか？

□○○の件、かしこまりました

上司など目上の人から仕事を依頼されたときに使えるフレーズ。「かしこまる」は、「謹んで承る」の意。「わかりました」よりも相手を立て、かつ「承諾しました」というニュアンスが強くなる。「資料を用意する件、かしこまりました」などと用いる。

□ご依頼の件、承りました

取引先や顧客から、何かの依頼を引き受けるときの定番フレーズ。「承る」は、「引き受ける」「承諾する」の謙譲語。「謹んでお受けいたします」という意味で、たんに「了解しました」と言うよりも、へりくだった印象になる。

□精いっぱいがんばらせていただきます

自分の能力を超えるかもしれない大きな仕事をまかされたときに用いるフレーズ。「期待に応えたい」という前向きの意欲を表せる。「自信はありませんが」「とりあえず、やってみます」といった言い方は、いかにも自信なさげに聞こえるのでNG。「A社の説得の件、精いっぱいがんばらせていただきます」などと用いる。

□できるだけやってみましょう

いつもより複雑な仕事、急を要する仕事など、無理な注文をされたとき、「完璧にできるか確約できない」という意味で用いるフレーズ。「ふつうなら、一か月は欲しいところですが、できるだけやってみましょう」などと用いる。さほど困難でない仕事で用いると高飛車な印象を与えたり、誠意を疑われかねないので注意。

□おやすい御用です

親しい取引先や先輩などから、さほど難しくない仕事を依頼されたときに用いるフレーズ。「これぐらいの仕事なら、いつでも言ってください」という意味で、相手に負担に感じさせないのと同時に、好意も表せる。

□私でよければ喜んで

結婚式の司会やパーティの幹事、ちょっとした会合の司会などを依頼され、引き受けるときのフレーズ。「わかりました」「いいですよ」よりも、謙虚な印象を与えられる。「私のような者でよければ、喜んで務めさせていただきます」「私のような者でお役に立つなら、喜んでお引き受けいたします」と言えば、いっそう謙虚さが伝わる。

□みなさん全員が、ぜひにとのことですので

その場にいる全員から、大役をまかされたときに用いるフレーズ。大勢の人たちから支持されたことへの厳粛な気持ちを表せる。「みなさん全員が、ぜひにとのことですので、ふつつかながら、本会の会長を務めさせていただきます」などと用いる。

□願ってもないお話です

ぜひとも成立させたい商談を持ち込まれたとき、まず述べておきたい言葉。具体的な条件はさておき、自分がその話にいかに乗り気であるかを伝えることで、その後の話をスムーズに進めやすくなる。また、かつては縁談で、すばらしい相手を紹介してもらったとき、よく使われたフレーズ。

□大変けっこうなお話をありがとうございます

新規の取引の仲介などを持ち込まれたとき、とりあえず感謝の気持ちを表す言葉。たとえ乗り気でなくとも、まずはお礼の言葉を述べるのが大人の態度。承知する場合は、このあと「ぜひ、お話を進めていただきたいと思います」と述べる。

◉相談を持ちかけるときの効果的なキーワード

□お知恵を拝借したいのですが

なにかアイデアが欲しいときに、よく使われるフレーズ。仕事関係から私生活のトラブルまで、さまざまな場面で使える。「あなたは私より賢いので、ぜひ教えてほしい」というニュアンスを含むので、言われたほうも悪い気はしない。「A社との契約が難航しておりまして、ぜひお知恵を拝借したいのですが」など。

□すみません。相談にのっていただけませんか

相談にのってもらいたいとき、いきなり「相談があるのですが」では、ぶしつけで失礼。相手の時間や知恵を借りることへの謙虚さを表すため、まずは「すみません」ではじめたい。親しい間柄なら「申し訳ないけど、相談にのってくれないかな」でもOK。

□少しお時間をいただいて、よろしいでしょうか

相談ごとがあるとき、いきなり本題を切り出すのは、相手にとっては迷惑な話。まずは「ご相談したいことがあるのですが、少しお時間をいただいて、よろしいでしょうか」

と相手の都合を聞くことが大切。相手が「いいよ」と言ってから、本題に入ることだ。

□どうにも私どもの手に余る問題がありまして……

これは、年配者やその道の専門家に相談するときのフレーズ。自分の知識や経験では解決できないことを認め、手助けを求める。「どうにも私どもの手には余る問題がありまして、ここはぜひ浅井さんに知恵をお貸しいただきたいのですが……」などと用いる。

□○○のことで頭を痛めておりまして……

相談内容を話すとき、「昨日のことなのですが……」などと、時系列にダラダラ話すと、何を悩んでいるのか相手に伝わりにくい。まずは「じつは例のプロジェクトのことで頭を痛めておりまして……」と案件を伝える。それから、具体的な内容を話すといい。

□また、相談に参ります

相談が終わり、別れるときに使うフレーズ。「また相談したい」と示すことで、「今日は相談して、本当によかった」という気持ちを伝えられる。「今日はお忙しいところ、どうもありがとうございました。また相談に参りますので、その節はよろしくお願いいたします」など。

□ご迷惑ではありませんでしたか

相談に乗ってくれた相手に、感謝の言葉と同時に述べたいフレーズ。相手への気遣いを示すことで、より深い感謝の気持ちを表せる。「今日は本当にありがとうございました。つい長くなってしまいましたが、ご迷惑ではありませんでしたか」など。

◉すんなり相手の「OK」がもらえる頼み方

□よろしいでしょうか

「いいですか」「よろしいですか」よりもていねいな、同意を求めるときの基本フレーズ。とりわけ、声しか聞こえない電話で話すときは、「いいですか」「よろしいですか」よりも、「よろしいでしょうか」「よろしゅうございますか」といったよりていねいな表現を用いたい。なお、バイト君がよく使う「よろしかったですか」は、違和感を伴うヘンな日本語。

□○○さんなら、おわかりいただけるかと思いますが

相手からの申し入れなどを断わる場合に、同意を求めるフレーズ。相手の気持ちを傷つ

けないようにしながらも、「ほかならぬ○○さんなら、ご理解いただけますね」というニュアンスを含んでいる。

□どうか、こちらの立場をご理解ください

相手の要求を飲めないときに用いる言葉。たとえば、話がある程度進んではいるが、最終決定にいたらず、時間的に切迫しているような場合、半ば泣き落としのフレーズとして使える。

□私どもの誠意をお汲みとり願います

たとえば、こちらの謝罪に対して、相手がなかなか納得してくれないとき、行為や金品で謝意を示し、「なんとかこれで、ご勘弁ください」と、理解や同意を求めるときのフレーズ。

□少しでもよい方向に進めたいと思っております

商談相手と、条件やスケジュールなどについて、合意にいたらず、交渉が平行線をたどっているような場合、こちら側の提案を示しながら、「これでどうでしょうか」といった意味合いで使うフレーズ。ただ、最初から使うと、相手の反感を買いかねないので、

何度か打ち合わせをしたあとでないと使えない。

□お互い、今までの時間が無駄になってしまいます

交渉の最終的な場面では、「交渉を決裂させたくない」と思っている側の立場が弱くなるもの。そんなときは、「これでは、お互い、今までの時間が無駄になってしまいます」と切り出して、相手の出方をみるといい。相手もそれまでの話し合いを無駄にはしたくないと思っているはずで、妥協への道が開けるかもしれない。

◉相手と同じ意見であることを上手に伝えるには？

□ごもっともです

相手の言葉に同意せざるを得ないときのフレーズ。その後、こちらの主張を付け加えたいときは、「ごもっともです」の後に、「ただ、私どもといたしましては〜」と続ければよい。相手の話に一度同意してから切り返すのは、人を説得するための常套手段。

□さようでございます

ただ「そうです」と言うよりも、数段丁寧な同意するときの基本フレーズ。「園遊会」

で、天皇陛下に言葉をかけられた人物が「さようでございます」と答えるシーンは、ニュースでもおなじみ。ただし、かしこまった席にはふさわしいが、冷たく感じさせることもあるので、日常生活やビジネスの場では使い方に注意したい。

□おおせの通りです

目上の人からの言いつけや命令が「おおせ」で、漢字で書けば「仰せ」。取引先やお客様の言葉のことをいう。「おっしゃる（仰る）とおりです」もほぼ同じ意味だが、「おおせ」といったほうが文語的でより慇懃《いんぎん》に聞こえる。

□まさに、おっしゃるとおりでございます

相手の言葉に対して「すべて、そのとおりです」と同意するときの常套句。たとえば、相手からクレームや叱責を受け、こちらとしてはどう考えても反論の余地がまるでない場合などに、「ご指摘の点は、まさにおっしゃるとおりでございます」というように使う。

□ご同慶のいたりに存じます

あらたまった席や、パーティの来賓のスピーチなどでよく使われるフレーズ。「この

たび、御社の新社屋が完成しましたことは、ご同慶のいたりに存じます」などといった使い方をする。「同慶」というのは「自分にとっても、相手と同じように喜ばしい」という意味。

◉質問するときに使いたいこのひと言

□つかぬことをお尋ねいたしますが

人に質問をするときに使う、定番の前置き。「つかぬことをお尋ねいたしますが、○○さんをご存じでしょうか」などと使う。とくに、それまでの話題とは関係のない質問をするときの前置きにふさわしい。また一般的に聞きにくい、お金にまつわる話や、少々立ち入った事情などについて尋ねるときにも使えるフレーズ。

□念のためにお尋ねしたいのですが

一度聞いたことを、もう一度確認したいときに便利なフレーズ。大事なことをうっかり聞き漏らしてしまったときも、「すみません、念のためにお尋ねしたいのですが」と言えば、相手は「確認したいんだな」と思ってくれる。

□後学のために、お伺いしたいのですが

「後学」は、後日、自分のためになる知識や学問のこと。「後学のため、その件について、詳しくお伺いしたいのですが」などと使う。詳しい人から情報を聞き出すときや、本題とは関係のない話を質問したいときなどに使える前置き。

□○○ということでよろしいのでしょうか

重ねて質問するときの定番フレーズ。相手の話が要領を得ないときにも、「恐れ入りますが、○○ということでよろしいのでしょうか」などと使える。たんに「〜でよろしいですね」と聞き返すと、きつい印象を与える場合があるので、「よろしいのでしょうか」とより丁寧に言ったほうが無難。

□こういう理解でよろしいでしょうか

相手の話をまとめて、要点を確認したいときに使える一言。「○○さんのお話だと、△△ということになりますね。こういう理解でよろしいでしょうか」などと使う。また、先方の話の要点がはっきりしないときにも、「○○という主旨と理解してよろしいでしょうか」などと、相手の話をまとめてしまうこともできる。

□もっと詳しい事情を知りたいのですが

先方から、さらに詳しい情報を得たいときに使えるフレーズ。「失礼かと存じますが、もっと詳しい事情を知りたいのですが」などと、前置きした上で質問を続けると、いきなり質問を重ねるよりは〝尋問色〟を薄められる。

□いかほどですか

物の値段を尋ねるときの一言で、たんに「いくらでしょうか」というよりも、上品に聞こえるフレーズ。「すみません、この帽子はいかほどですか」などと用い、物の量に関しても「いかほど差し上げましょうか」などと使える。ワンランク上の敬語として、覚えておきたい言葉の一つ。

□どこでお求めになりましたか

商品を、どこで買ったか聞きたいときに使うフレーズ。「それ、どこで買ったんですか」と聞くと、いかにもぶしつけな感じが拭えない。「そちらの品、どちらでお求めになりましたか」と尋ねれば、ぶしつけな質問も少しは上品に聞こえる。

□どちらにお伺いすればよろしいでしょうか

初めて訪問するときに使える確認のフレーズ。「当日は、どちらにお伺いすればよろしいでしょうか」などと尋ねる。大企業で、どの部署に行けばいいのかわからないときや、待ち合わせ場所が広すぎて、不明確な場合などにも用いる。

◉質問に答えるときに使いたいこのひと言

□これで、ご質問の答えになっていますでしょうか

自分の能力では、回答の難しい質問に対する謙虚な答え方。逃げの答え方をしたときも、こう付け加えると、言外に「この程度の回答でご勘弁願いたい」という気持ちを伝えられ、丸く収まることが多い。また、的外れな質問をしてくる人も、「これで、答えになっていますでしょうか」とへりくだれば、意外に素直に引き下がるものである。

□直接のお答えになるかどうかわかりませんが

相手の質問に対して、直接的には答えにくいときの前置きのフレーズ。最初にこう予防線を張っておけば、本当に答えになっていなくても、質問者のイライラを多少なりとも抑えられる。回答後、「これでご質問の答えになっておりますでしょうか」と締めくくれば、より効果的だ。

□私の存じているのは、この程度ですが

自分の回答では、相手が満足しないと思われるときに付け加える言葉。不十分な回答で、相手を押し切ろうと思わないほうがいい。不足は不足として認め、「私の存じているのは、この程度ですが」と断ってしまうと、相手も怒り出すわけにもいかず、質問をうまく切り抜けられる可能性が高い。

とっておきのひと言で相手をねぎらう……………いたわる・慰める

◉忘れてはいけない「いたわり」の言葉

□お疲れになりましたでしょう

目上の人をねぎらう言葉としては、一般に「お疲れさまでした」が定番フレーズになっている。しかし、「お疲れになりましたでしょう」と半ば疑問形にすると、相手も「いや、そうでもないよ」とか、「うん、疲れたね」と応じることができる。相手に返答の余地を与えることで、コミュニケーションをより深めることができる。

□大変だったね。ご苦労様でした

部下や目下の者をねぎらう基本フレーズ。部下が仕事をやり遂げたときにも、ねぎらいの言葉を言い忘れる上司が少なくない。とりあえず、仕事の評価にかかわらず、まずやり遂げたことに対して誉めれば、部下はそれだけでもホッとできる。同時に、「自分のことを見ていてくれたんだな」と上司に親しみを感じるもの。

□くれぐれも大事になさってください

病み上がりの人や高齢の人へのいたわりの言葉。とりわけ、真冬や真夏などにふさわしく、「まだまだ寒さの厳しい日が続きますので」「毎日暑いですから」と言った後、「くれぐれも大事になさってください」と言えば、相手をいたわる気持ちがよく伝わる。退院直後の人には、「退院後こそ、お大事になさってくださいね」と言えばよい。

□とんだ災難でしたね

不慮の事故にあった人をいたわるフレーズ。こう言えば、詳しい事情を知らなくても、ねぎらいの気持ちを伝えることができる。また、「でしたね」と過去形にすることで、言外に〝どん底〟は脱したと元気づけることもできる。現在形にするときは、「このたびはとんだ災難で」の後に「案じております」と付け加えれば、心配している気持ちを伝えられる。

□ご心痛のほどお察しいたします

家族が入院した人などをいたわる言葉。「さぞかしご心配でしょう」と言うと、相手は「当たり前だろう」という気持ちになりかねないが、「お父様が入院されたと伺いました。ご心痛のほどをお察しいたします」と言えば、相手は自然に「ありがとうございます」と応じることができる。少なくとも、相手の感情を逆なでせずにすむ。

◉気持ちのこもった言葉で失敗を慰める

□失敗は誰にでもあるよ

失敗した人を元気づける定番フレーズ。失敗してへこんでいる人を非難したり、叱ったりすると、さらに落ち込ませることになる。「失敗は誰にでもあるよ」と慰めた方が、人を前向きな気分にさせるもの。「失敗も勉強のうちですよ」と言ってもいい。

□その○○とは縁がなかったのよ

恋愛や人間関係、あるいはビジネスや就職活動がうまくいかないときには、自分の至らなさを責めがちだが、はっきりした失敗原因がわかりにくいことでもある。そんなとき、「○○とは縁がなかったのよ」と声をかければ、相手は救われたような気分になれる。

原因を〝縁〟に転嫁しているので、「またがんばればいいじゃない」と言われるよりも、よほど前向きな気持ちになれるだろう。

□今回は運が悪かったんだよ

ミスをした相手の気分を軽くする定番フレーズ。ミスを運のせいにして、相手の責任を一切問わないことを表している。また、「今回は運が悪かったんだよ」、「今回はツイていませんでした」と「今回」を強調して、相手に「次回の成功」を意識させることもできる。

□私にも似たような経験があります

ミスをした相手を慰めるフレーズ。同じ経験をしたと言うことで、「誰にでもあることですから」と慰め、「いまの気持ちがわかります」という同情を表せる。さらに、お互いに仲間であることも伝える優しい表現である。しかし、それだけに、使えるのは同僚以下の立場の人。目上に使うと、生意気なヤツと思われ、逆効果になる。

プロが教える会話の鉄則②
話をはずませる方法

□「どうも」はあいさつではない

「どうも」はいろいろな場面で使える便利な言葉ではあるが、あらたまった場では通用しない。とりわけ、目上の人には、きちんとあいさつすること。

□自分の趣味よりも、相手の趣味を話題にする

初対面では、相手の長所や特技を話題にすれば、話が弾むもの。自分の得意なことより、相手の得意なことを話題にすることだ。

□会話中に相手の名前を呼んでみる

初対面のときは、「あなた」ではなく、「○○さん」と呼ばれたほうが親しみを抱きやすい。会話の中、意識的に相手の名前を呼べば、親しみを感じてくれるものだ。

□相手の会社名を省略しない

取引先などの会社名を略してはいけない。たとえば「新日鉄」ではなく、「新日本製鉄」（文字で書く場合は、新日本製鐵）、「○○株式会社」も「○○㈱」と略さないで、きちんと書くのが原則。

□話題に困ったときは「ゴウカク・テスト」

話題が見つからないことがあるが、そんなときのために、「ゴウカク・テスト」を頭に入れておくといい。「ゴウカク」の「ゴ」はゴルフ、「ウ」はウタ、「カ」は家族、「ク」はクニ（出身地）。「テスト」の「テ」はテンキ、「ス」はスポーツ、「ト」は友だちで、これらを話題にすればいい。

□自慢話が許されるのは、趣味とスポーツだけ

自慢話にも、人から嫌われやすいものと、罪のない自慢話がある。後者は、趣味とスポーツに関するもの。「この前のコンペで優勝しまして」くらいの自慢話なら、嫌味には聞こえないものだ。

□子どものいない夫婦に子どもの話をしない

「子ども、まだできないの?」という質問は、安易に質問すると、相手を傷つけることになりかねない。相手が触れないのに、子どもや出産についてたずねるのは、大人としてはしたない。

□最初は、相手が答えやすい質問をする

会話をはずませるには、話し始めが肝心。会話がスムーズに始まれば、気まずい雰囲気にはならない。だから、最初は相手が答えやすい質問をすること。「昨日の野球の試合、ご覧になりましたか?」あたりが無難だ。

□出身校をたずねてはいけない

人の出身地を話題にするのはいいが、続けて出身校まで聞くのは禁物。学歴にコンプレックスを持っている人もいるので、相手から言いださないかぎり、質問しないこと。

□プライベートなことを質問しない

誰もがプライバシーに敏感になっている時代。プライベートな話題には、自分からは触れないことだ。相手が自分から話し出したときは、話題にしてもオーケー。

4

ここ一番で効果抜群のモノの言い方

社会人が身につけたい一つ上の「言い回し」――――――電話・会議

◉電話をかけて一目おかれる言葉

□いま、お話してよろしいでしょうか

電話は、受ける側にとっては、アポなしで突然かかってくるもの。友人同士でも「いま、電話で話していい?」と尋ねるのが常識だ。ましてや、ビジネスや馴染みの薄い人にかけた電話では、「いま、お話してよろしいでしょうか?」と相手の都合を聞くのが最低限のマナー。

□いつも電話ばかりで失礼しております

いつも電話ばかりで、なかなか会えない人に使うと、印象がよくなるフレーズ。言外に

「お会いして話すのが、礼儀なのですが」という意味が含まれ、会う機会がなくても、決して相手を軽く思っているわけではないという気持ちを伝えられる。相手が電話に出て、あいさつを交わした後に言うのがベスト。

□電話で大変申し訳ございませんが

先方へ出向いて謝るのが筋だが、遠方の場合など、まず電話で謝らなければならないことがある。そんなときは、「電話でたいへん申し訳ございませんが」と断りを入れてから、謝罪するといい。そして、「後日、改めてお伺いしますが、取り急ぎお詫びをと思いまして」と続ければ、「電話ですませやがって」と誤解されずにすむ。

□あわただしくて申し訳ありません

こちらから電話をかけながら、ゆっくり話す時間がないときにふさわしい言葉。多少あわただしい電話になっても、用件を伝えた後、「あわただしくて申し訳ありません。とりあえずご連絡だけでもと思いまして」と断れば、相手の気分を害することはない。

□夜分恐れ入ります

夜九時以降に電話をするときには、こう言いたいもの。相手がゆっくりくつろいでいる時間帯は、電話をかけること自体が失礼になる。急用でやむを得ないときでも、まず「夜分恐れ入ります」「夜分失礼します」と断ってから、用件を切り出すのが常識。

□お休みのところ、誠に恐れ入りますが

休日に、相手の自宅へ電話したときに切り出す言葉。休日には、よほどのことがなければ連絡を取らないのがマナー。しかし、どうしても電話をしなければならない事情が生じたら、まず「お休みのところ、誠に恐れ入りますが」と断り、休日に電話をかけて申し訳ないという気持ちを伝えたい。

◉伝言の頼み方、頼まれ方のひと工夫

□おことづてをお願いしたいのですが

たまたま電話を取った人に、伝言を依頼するときのフレーズ。「伝言をお願いできますか」と言うよりも、「おことづてをお願いしたいのですが」と言う方が、上品に聞こえ、相手の印象はよくなる。言い慣れないと「おことづて」は舌を噛みそうなので、何回か練習しておきたい。

□お使いだてして申し訳ありませんが

これも、伝言や何かの用件を頼むときの言葉。本来の用件を終えた後、「すみません、お使いだてして申し訳ありませんが」と言えば、相手に伝言や用件を頼みやすくなる。このフレーズ、電話ではなく、面と向かっても使えるが、目上の人に使うのは失礼。相手は、同格以下の人に限られる。

□かしこまりました。申し伝えます

電話で伝言を頼まれたときの定番フレーズ。メモした内容を復唱し、確認した後に言うといい。単に「申し伝えます」というだけでなく、先に「かしこまりました」と添えることで、相手の信頼感はグッと高まる。続けて「○○が承りました」と自分の名前を告げると、好感度はさらにアップするはずだ。

◉間違い電話のときの対応術

□失礼しました。番号を間違えたようです

誰でも間違い電話をかけることがあるが、肝心なのは、間違ったときに「失礼しました」と素直に謝ること。また、電話詐欺が頻発する時代だけに、「番号を間違えたようです」

と間違った原因も伝えたい。電話番号が不確かなときは、「失礼ですが、〇〇〇—△△△△ではありませんか」と確認してもいい。

□失礼ですが、何番におかけですか

間違い電話をかけてきた相手に冷静に問いかける言葉。間違い電話には多少なりともイライラするものだが、怒ったり、非難しては、相手も不快になる。また、ガチャンと切ると、再度かかってくる可能性もある。冷静に「失礼ですが、何番におかけですか」と問うことで、間違い電話の原因を突き止めておくのが、大人の対応というもの。

◉電話を受けるときの一目おかれる言葉

□いただいたお電話で失礼ですが、よろしいでしょうか

電話をかけようと思っていた相手から電話が入ったとき、自分からの用件を伝えるときに使うフレーズ。本来、電話は用件のある方からかけるのが礼儀だが、かかってきた相手にすぐかけ直すのも常識的ではない。そこで、相手の用件が終わった後、自分の用件を伝える前に、ひと言断るのが大人の態度。

□念のため復唱させていただきます

電話の相手が、日時や電話番号、人名、住所など、数字や固有名詞を伴うことを話したときに使う。そういった情報は、相手も間違いなく伝わったかと不安に思っているもの。そこで、「念のため復唱させていただきます」と言って確認すれば、相手の不安を解消できるうえ、聞き違いの防止にもなる。

□お電話いただいてうれしかった

久しぶりに電話がかかってきた相手に、感謝の気持ちを伝える言葉。かけてきた人は間があいていただけに、「迷惑ではないかな」と不安に思っているかもしれない。そんな相手の気持ちを汲みとって、電話を切るときに「うれしかった」と感謝の気持ちを伝えたい。本当にうれしければ、続けて「今度は私からかける」という言葉も自然に出てくるだろう。

□長くなってしまってごめんなさい

長電話を切りたいとき、相手に察知してもらうために便利な言葉。「もう電話を切りたい」と思っても、あからさまに切り出すのは失礼。こちらから「あら、長くなってしまってごめんなさい」と謝ることで、相手に気づいてもらうのが大人の会話術というもの。

ただし、「いいの。電話代は気にしないで」と答えてくる相手には通じない。

◉会議の司会で失敗しないためのフレーズ

□定刻になりましたので

会議をキビキビとスタートさせるための基本フレーズ。同じように会議の開会を宣言する言葉でも、「そろそろ始めましょうか」では、ゆるんだ空気が締まらない。「定刻になりましたので、会議を始めます」と言えば、「ルールに則《のっと》って会議を行う」という司会者の意思がはっきり伝わり、出席者にピリッとした緊張感を与えられる。

□面白いお話ですが、本題に戻しますと

突飛な意見が出て脱線しそうなとき、話を本筋に戻すための言葉。他の出席者も、突飛な意見に引っ張られると、議論は本題からどんどんはずれていく。このフレーズで議論を軌道修正できるが、相手によってはバカにされているととるので注意が必要。

□ちょっと意見の整理をしておきましょうか

会議で議論の舵取りをするための言葉。会議でいろいろな意見が出るのは結構だが、出

席者が思いつきばかりを勝手に述べていても、議論はまとまらない。そんなとき、「ちょっと意見の整理をしておきましょうか」と前置きして、三つほどの意見に集約して論点を絞れば、建設的な議論ができる。

□その議論はまた別の機会に

議論が脱線したとき、軌道修正するのに役立つ言葉。議論が脱線していると思っても、司会者が「今日の議題は××ではありません」と発言をすれば、熱くなっている出席者をさらに熱くさせる危険がある。「その議論は、また別の機会に話し合うとしまして」と冷静に話せば、出席者も自分の脱線に気づくはずである。

□他の方の意見も伺いたいと思います

発言の少ない人の意見を聞き出すためのフレーズ。会議では、発言が一部の人に偏ることがあるが、発言の少ない人に「○○さんはどうお考えですか」と直接尋ねると、その人が沈黙した場合、会議はさらにシラけた雰囲気になりかねない。こういうときは「他の方の意見も伺いたいと思います」と漠然と聞いた方が、意見を述べたいと思っていた人は手を挙げやすい。

□ほぼ意見も出つくしたようですね

発言が本題をはずれたり、雑談的になった会議を立て直すのは、なかなか大変である。そこで、まず「ほぼ意見も出つくしたようですね」と話して、議論に区切りをつける。それから、議論をまとめていこうと促すと、それをきっかけに議論をまとめるような意見が出てくるものである。

□ここで結論を出すこともないわけですが

意見が対立して収拾がつかないとき、出席者たちを冷静にさせるフレーズ。とりわけ、多数決でも決められないほど、ヒートアップしたとき、結論を先送りしてもいいと言うことで、出席者を落ちつかせるのが目的。「各自検討して、もう一度話し合いましょう」とでも続ければ、出席者が冷静さを取り戻し、議論がその場でまとまることもある。

◉会議の「締め」で使えるちょっとしたひと言

□いい会議でした

会議を気持ちよく終わらせるための基本フレーズ。司会者が、最後に「今日の会議で○○が決定しました。明確な方針が決定して、とてもいい会議でした。それでは会議を終わりにします。皆様、お疲れさまでした」というように発言する。いい会議だったと強調すれば、出席者の心にはいっそうの満足感が広がるはずである。

□いろいろと素晴らしいご意見をいただき、ありがとうございました

会議を気持ちよく終わらせるための定番フレーズ。司会者は出席者の労をねぎらいたいものだが、「お疲れ様でした」だけでは、いささか素っ気ない。そこで、こう言えば、活発に意見が出たいい会議だったと思っていることが、しっかり伝わるはずである。

□今日は貴重な意見を聞くことができました

紛糾した会議を締めるための言葉。会議で結論が出ないと、出席者には徒労感だけが残るものだが、司会役がこう伝えることで気分が軽くなる。この言葉は、出席者全員を立てる言い回しであり、そう言われて、気分を害する人はいないだろう。

◉会議で意見を言うときの「前置き」フレーズ

□……の立場で意見を述べます

会議で発言するときには、まず自分の立場をはっきり述べておく。すると、出席者はそ

れを踏まえて意見を聞くので、より理解されやすくなる。また、発言後、同じ立場の人が賛同もしやすく、議論の沸騰しているタイミングなら、議論を収拾へと向かわせるきっかけにもなる言葉。

□すでに説明があったかもしれませんが

遅刻したり、中座した会議で、質問するときの前置き。よく理解できないところがあるのだが、自分がいない間に、相手はすでに説明していたのかもしれない。「すでに説明があったかもしれませんが」と、申し訳ないというスタンスを取った方が、相手も気分よく説明し直してくれるだろう。

□私はこのように理解させていただきましたが

相手の説明がよくわからないときの優しい突っ込み方。相手の説明が下手だとイライラすることがあるが、そのイライラをぶつけては角がたつ。「私の理解力不足」を嘆くというスタンスで、「私はこのように理解させていただきましたが」と謙虚に確認する態度を取れば、相手も何らかの対応を取らなければならなくなる。

いざという時にこのひと言が言えますか？……パーティ・葬儀・引っ越し・退職

◉パーティで使えるちょっとしたフレーズ

□おめでとうございます。本日はお招きいただきありがとうございます

結婚式や披露宴に招待されたときの定番のあいさつ。受付係に祝儀を渡しながら、「おめでとうございます。本日はお招きいただき、ありがとうございます」と使うのが一般的。披露宴では「本日はおめでとうございます。お日柄もよく、何よりでございます」と言ってもよい。

□盛大なお式で、お喜び申し上げます

結婚式の披露宴に出ると、新郎新婦の両親が、各テーブルをあいさつにまわることがあ

る。そのようなときに使うと、ふさわしいフレーズ。「本日は、お招きいただき、ありがとうございます。盛大なお式で、お喜び申し上げます」などと言う。その際、新郎新婦との関係を簡単に自己紹介してもいい。

□お人柄ですね。たいへんな人数がお集まりのご様子で

人が大勢集まったパーティで、主催者側にかけるひと言。会が盛況な様子なら、「○○さんのお人柄ですね。大変な人数がお集まりのご様子で」などと用いる。パーティだけでなく、還暦や喜寿《きじゅ》などの賀寿《がじゅ》の祝いにも使うことができる。

□ごゆっくりお過ごしください

パーティ会場で、主催者側が使うあいさつの言葉。「本日は、ようこそお越しくださいました。どうぞ、ごゆっくりお過ごしください」などと言う。わざわざ足を運んでくれた人へのねぎらいの言葉。

□喜んで、出席させていただきます

パーティや結婚披露宴などに招かれたときに使うフレーズ。おもに招待状への返信で、「おめでとうございます。喜んで出席させていただきます」という形で使うことが多い。

その際は、「ご出席」の「ご」を消して、このように一言添えると、その一手間で、相手に与える印象はまったく違ってくる。

□用意もよろしいようですので、皆様のご唱和をお願いいたします

乾杯の音頭の定番フレーズ。「それでは皆様、用意もよろしいようですので、ご唱和をお願いいたします。乾杯！」などと用いる。なお、唱和とは、一人が唱えたあとに、ほかの多くの人たちが、続けて同じ言葉を唱えること。

□新任地でのますますのご活躍を心から念願し、乾杯いたします

乾杯のあいさつのバリエーション。昇進や昇格をした人を、送り出す会で使うとよい。「○○課長の新任地でのご活躍を念願し、乾杯いたします」「○○へのご栄転、まことにおめでとうございます。乾杯！」など。

◉言えるようにしておきたい葬儀でのひと言

□まことにご愁傷さまです

葬儀・通夜で身内を失った人にかける、お悔やみの基本フレーズ。「このたびは、ご愁

傷さまでございます」などと使う。そのあとに「お力落としのないよう、お体にお気を付けください」「お悔やみ申し上げます」と、付け加えてもよい。

□心からお悔やみ申し上げます

やはり、葬儀・通夜の場で使う、定番のあいさつ。「このたびは、急なことで。心からお悔やみ申し上げます」などと使う。残された遺族に、何と声をかけてよいかわからないときに、無難に使えるフレーズの一つでお悔やみの手紙でも同様に使うことができる。

□ご冥福をお祈りいたします

会話よりも、手紙などの文章によく似合うお悔やみのフレーズ。「ご冥福を心よりお祈りいたします」などと使う。

□心中、お察しいたします

故人の親族にかけるなぐさめの言葉。たとえば不慮の事故で、突然、親族を亡くした人や、子どもを亡くした人に、何と声をかけてよいかわからない場合に使える。悲しみの深い場面では、余計なことは言わずに「心中、お察しいたします」とだけ伝えるとよい。

□私でお役に立てることがあれば

葬儀や通夜で使える遺族を思いやるフレーズ。遺族と親しい仲であれば、通夜ぶるまいや道案内など、当日、手伝えることがいろいろあるはず。「私でお役に立てることがあれば、遠慮なくおっしゃってください」と、一声かける気遣いを忘れずに。

□心ばかりですがご霊前にお供えください

香典、供物を差し出すときの決まり文句。「どうぞお供え下さい」とだけ言ってもよいが、「このたびは、まことにご愁傷さまでございます。心からお悔やみ申し上げます。心ばかりですがご霊前にお供えください」とすると、より丁寧に聞こえる。

□おだやかなお顔ですね

故人と対面したときのお悔やみの言葉。「おだやかなお顔ですね。心からお悔やみ申し上げます」「おだやかなお顔ですね。おつらいことでいらっしゃいましょうが、どうぞお気を落とされませんように」などとあいさつすればよい。

□ごていねいなお悔やみをいただきまして

香典をもらった際の、遺族側のお礼の言葉。「本日はお忙しい中、お越しいただきまして、誠にありがとうございます。また、ごていねいなお悔やみをいただきまして、恐縮でございます」などと使う。

◉引っ越し、転勤…「別れ」のときの声のかけ方

□寂しくなりますね

引越しすると告げられたときに、相手にかける別れのフレーズ。「ご転勤ですか。寂しくなりますね。むこうでもお体に気をつけて、がんばってください」などと使う。

□住みやすいところだそうですね

転勤などで引越しをする人にかける、はなむけの言葉。「住みやすいところだそうですね」「○○市ですか。あそこは、住みやすいところだと聞いています」などと、明るく声をかけるとよい。住み慣れた土地を離れる転勤には、ストレスがつきもの。少しでも負担をやわらげるひと言をかけたい。

□なんの恩返しもできなくて、それが心残りです

世話になった人と別れるとき、覚えておくと便利なフレーズ。「今までお世話になりま

した。なんの恩返しもできず、それだけが心残りです」などという。面倒をみてもらった上司が転勤する場合、もしくはこちらが転職などで離れる場合などに使える。

◉「退職」のときにどんな声をかけますか?

□まだまだ教えていただきたいことがありましたのに

世話になった人が会社を退職するときに使える別れのフレーズ。定年や転職などで、上司や先輩が退社するとき、「○○さんには、まだまだ教えていただきたいことが、たくさんありましたのに」などといって、名残を惜しむ。別れの寂しさを伝えると同時に、世話になったお礼も述べることができる。

□家庭に入られても、また遊びにいらしてください

結婚を機に、退社する人へのねぎらいの言葉。「このたびはおめでとうございます。家庭に入られても、また遊びにいらしてくださいね。いつまでもお幸せに」などと使う。

□なんとか勤めあげることができました

定年退職するときの最後のあいさつ。「長い間、お疲れさまでした」と声をかけられた

ら、「なんとか、勤めあげることができました。これも、みなさまのおかげです」と明るく謙虚に、職場の同僚への感謝の気持ちを表したい。

5

大人なら使いこなしたい絶妙なモノの言い方

もっといい関係になるための大事なひと言……誘う・訪問する

◉相手を誘うのが上手い人のこんな言い方

□さしつかえなければ

人を誘うときの定番フレーズ。本当は「ぜひ」と言いたいところでも、押しが強すぎると、相手を不快にしかねない。「このあと一席設けたいのですが、さしつかえなければ、いらしていただけませんでしょうか」などと用いるといい。

□おいしいコーヒーを飲みに行きませんか

親しくなりたい異性を誘いたいとき、「喫茶店に行きませんか」とストレートに言いにくい場合は、「おいしいコーヒーを飲みに行きませんか」と理由をつくって誘うといい。

このほうが相手もＯＫしやすく、成功率は高くなる。相手の好みに応じて、「おいしいケーキ」や「おいしい紅茶」など、臨機応変に内容を変えるといい。

いい店を見つけたのですが

ある程度、親しくなった人と夕飯を一緒にしたい、あるいは酒を飲みたいときに使えるフレーズ。あらたまって誘いにくい相手でも、話のついでに「そういえば、いい店を見つけたのですが、今度ご一緒しませんか？」と言えば、不自然な印象を与えない。

ご同席できるとうれしいのですが

パーティなどに、ぜひ参加してほしい人を誘うときのフレーズ。「来月の懇親会は、ご出席なさいますか。ご同席できると、大変うれしいのですが」などと用いる。控えめな表現ながら、かなり積極的に「ぜひ会場で、お会いしたい」という気持ちを表せる。

いらしていただけたら、とてもうれしいのですが

パーティなどの主催者や幹事が、ぜひ来て欲しい招待客を誘うときに用いるフレーズ。一見、控えめな物言いだが、たんに「お越しください」というよりも、「ぜひ来て欲しい」という強い気持ちを伝えられる。「お花見会のお知らせは届きましたでしょうか。

三原様にいらしていただけたら、とてもうれしいのですが」など。

□お運びください

目上の人に、自分のところへ来て欲しいときや、どこかへ出向いてほしいときに用いるフレーズ。「運ぶ」は「行く」や「来る」の尊敬表現。「遠いところ恐縮ですが、お時間がございましたら、ぜひ私どもの家までお運びください」など。

◉相手の誘いに気持ち良く応えるには？

□お相伴させていただきます

上司や取引先から食事や飲みに誘われたとき、ただ「ありがとうございます」と言うだけでは、敬意を表したことにならない。ここは、目上の人に従って同じ行動をすることを意味する「相伴」を用いて、「お相伴させていただきます」と返したい。

□お供させてください

たとえば上司から、「これからA社を訪問するが、一緒に来ないか」と誘われたとき、「はい。ご一緒させてください」と応じるのは、上司と自分を同列に見ているようで、いささか失礼になる。自分を一段下に置いて、「お供させてください」と言うのが、部下としての正しい日本語。

□じつは今日あたり行きたかったんですよ

職場の先輩など、フランクな関係の人から誘われたときに使えるフレーズ。誘う側には、「突然誘って迷惑に思われないだろうか」という不安がある。こう返せば「じつは誘ってほしかった」という意思を表せ、相手に「誘ってよかった」と思わせることができる。

□喜んでおじゃまさせていただきます

相手の自宅に招かれたとき、感謝とお礼の意味で用いるフレーズ。「じゃま」は、他人の家を訪問することの謙譲表現。「今度の日曜日ですね。ありがとうございます。喜んでおじゃまさせていただきます」などと用いる。

□遠慮なくお言葉に甘えさせていただきます

相手から何か勧められ、好意を受け入れるときに用いるフレーズ。たとえば、座敷で「どうぞ、足を楽にしてください」と言われたときは、「では、遠慮なくお言葉に甘えさせていただきます」と言って足をくずす。このほか、食べ物や酒をすすめられたときや、おごると言われたとき、物を贈ると言われたときにも使える。

◉他人の家を訪問したときのフレーズ

□ちょっと近くまできたものですから

人の自宅や会社を予告なしに訪問するとき、言い訳として使えるフレーズ。訪問する直前に電話する場合にも、「ちょっと近くまできたものですから、今から伺ってもよろしいでしょうか」などと使えて便利。その場合は「ご迷惑でなければ」のひと言を添えるのが、大人のマナー。

□一度、ごあいさつにと思いまして

お世話になっている人の家を、初めて訪ねるときに使えるフレーズ。先方に手みやげなどを渡しながら、「一度、ごあいさつにと思いまして」などというと、より格好がつく。知人の新居をはじめて訪れるときにも使える。

□お休みのところおじゃまいたします

やむをえず、日曜や祝日に訪問するときに使える言葉。相手に「迷惑をかけて申し訳な

い」という気持ちを表す。ほかにも、早朝や夜遅くなどの訪問されると迷惑な時間帯に、人と会うときにも、「お休みのところ、すみません」などと応用できる。

□早朝から失礼いたします

朝早くに人の家を訪れたり、電話をかけるとき使えるフレーズ。たとえ緊急の用でも、「朝早くから失礼いたします」と、最初にひと言添えるのを忘れないようにしたい。

□少し早く着いてしまいましたが、ご迷惑ではなかったでしょうか

待ち合わせの時間よりも、五分から十分ほど早く先方に着いてしまったときに便利なフレーズ。遅刻も迷惑をかけるが、早く着きすぎても相手に負担をかける場合があるので、少し早いなと思ったときは、「早くに着いてしまい、ご迷惑をおかけします」とひと言付け加えると、感じがよい。

□どうぞお気遣いなさらないでくださいませ

訪問先で何事かを遠慮するときのフレーズ。先方が、お茶やお菓子を出してくれたり、あれこれと気を遣ってくれたときに使う。「どうぞおかまいなく」と言ってもよいが、「お気遣いなさらないでくださいませ」と言ったほうが、より丁寧に品よく聞こえる。

□すぐに、おいとまいたしますので

簡単な用件で訪問したときに、知っておくと便利なフレーズ。このように「長居しません」と最初に断っておくことで、先方に茶菓や食事の用意などの気を遣わせないですむ。また、早く帰りたいのに、引き止められたりしたときにも使える。

□洗面所をお借りしたいのですが

訪問先で、トイレに行きたくなったときに使える言い回し。「トイレはどこでしょうか」と尋ねるのもぶしつけな感じがするので、こう言い換える。また、この言葉は、帰るきっかけを作るためにも使える。「恐れ入りますが、洗面所をお借りしてもよろしいでしょうか」と席を立てば、「では、そろそろ」と辞去するタイミングをつかみやすくなる。「洗面所」は「お手洗い」と言ってもよい。

◉他人の家を辞去するときの言葉

□すっかり長居してしまいまして

予定していた時間よりも、長居してしまったときの定番フレーズ。帰り際に「すっかり長居をしてしまいまして、すみません」などと言う。仕事先でもプライベートでも、思わぬ時間をとって、相手の予定をくるわせてしまったときに使いたい。

□どうぞそのままで結構でございます

訪問先の相手が見送りに出ようとしたときに、ぜひ使いたいフレーズ。「玄関まで見送りをさせるのは申し訳ない」という遠慮の気持ちを表すのに最適。とくに、相手が忙しそうにみえるときは、「どうぞそのままで結構ですので」とあいさつし、さらりと帰りたい。

□おやかましゅうございました

訪問先で話が盛り上がったり、長居したときに、ほかの家族にかけるあいさつ。その場にいた人への、細やかな心くばりを表現できる。「お邪魔さまでした」「お騒がせしてすみませんでした」といっても好印象。

□今度は、ぜひ私どものほうにもお越しください

誰かの家に招待されたとき、帰り際に使いたい社交辞令。食事などのもてなしを受けたときなどに、「本日はありがとうございました。今度は、ぜひ私どものほうにもお越し

ください」などと言う。たとえ社交辞令であっても、一応こう声をかけておくのが、大人の礼儀というもの。

□おかげさまで楽しい思い出ができました

旅先などで誰かに世話になったとき、使えるフレーズ。「ご親切に感謝します」「おかげさまで助かりました」と言ってもよいが、それでは少し味気ないと思ったときは、「楽しい思い出ができました」と言うと、しっくりくる。

□せっかくお心くばりしていただきましたのに

訪問先で引き止められたときに、丁重にお断りするフレーズ。先方に「夕食でもいかがですか」とすすめられたが、帰ったほうがよさそうだと判断した場合に、「そろそろ失礼いたします。せっかくお心くばりしていただきましたのに、申し訳ございません」などと使う。

□お話は尽きませんが

辞去のきっかけを作るためのフレーズ。「いやどうも、お話は尽きませんが、そろそろ」と、辞去する意思を示し、「すっかり長居をしてしまい、申し訳ございません」と頭を下げ、立ち上がればよい。

□申し訳ございませんが、次の約束がございまして

すでに用事がすんでいるのに、世間話などで、なかなか帰してもらえないときに使えるフレーズ。それとなく帰りたいそぶりを見せても、通じないときに、「大変申し訳ないのですが、次の約束がございまして」と切り出すとよい。「次の約束」という理由を付けると、言葉の雰囲気を少しはやわらげることができる。

◉訪問を受けたときのちょっとしたあいさつ

□ようこそお越しくださいました

訪問客を出迎えるときの定番フレーズ。「いらっしゃいませ」と同じ意味だが、「本日は、遠いところ、ようこそお越しくださいました」などと使うと、より丁寧な印象を与えることができる。

□わざわざお運びくださり恐縮です

こちらの都合で、相手に足を運んでもらったときに使えるフレーズ。「本日はお忙しい

ところ、わざわざお運びくださり恐縮です」などと言う。または、「ご足労いただきまして、恐縮です」と言ってもよい。

□お忙しいなかお越しくださいまして、ありがとうございます

来客を迎えるときの定番フレーズ。相手の労をねぎらうときに使う。「本日はお忙しいところをおいでくださいまして、ありがとうございます」と、頭を下げながら使う言葉である。

□お足元、大丈夫でしたか

雨や雪などで天候が乱れているときに、出向いてくれた客を迎えるあいさつ。「いらっしゃいませ」と頭を下げたあと、「雪で大変でございましたでしょう。お足元、大丈夫でしたか」などと使う。

◉訪問客を気持ち良くもてなすためのセリフ

□お足元にお気をつけください

社内を案内するときに、来客に注意をうながすひと言。通路に出っぱりや段差があると

きに、「どうぞ、お足元にお気をつけください」「こちら段差になっておりますので、お足元にご注意ください」などと使う。とりわけ来客が年配者のときには、このようなひと言を付け加えたい。

□お待たせしまして本当に申し訳ございません

来客を待たせたときに使うフレーズ。先方が約束の時間に現れたのに、こちらの都合で待たせているときに、「今しばらくお待ち願えますか。お待たせしまして、本当に申し訳ございません」「もう少々、お待ちいただけますでしょうか。お時間とらせて申し訳ありません」などという。

□さしつかえなければ、私が承りますが

社内の人間が、打ち合わせなどで席をはずしているとき、代わりに用件を聞く言葉。困っている来客を見かけたら、「さしつかえなければ、私が承りますが」「よろしかったら、私、○○がご用件を伺いますが」などと使うとよい。

□どちらまでお越しですか

社内で迷っている来客にかけるひと言。明らかに社の人間でないとわかる人が、迷って

いるようだったら、「どちらまでお越しですか。ご案内いたします」などと声をかけたい。

□恐れいります。ちょっと席をはずさせていただきます

訪問客と面談中、席をはずさなければならないときに便利なフレーズ。「申し訳ありません。ちょっと席をはずさせていただきます」「ちょっと失礼させていただきます」などと使う。「すぐ戻りますので、少々お待ちください」と言ってもいい。中座するときは、このようにクッションになるひと言を忘れずに。

□お話中のところ、失礼ですが

打ち合わせや商談中に、緊急の用件を伝えるフレーズ。話が一段落したところを見計らって、「お話中のところ、失礼いたします。○○様からお電話がありました」などと使う。来客への気配りを感じさせるひと言。

□行き届かないことが多々あるかと思いますが、本日はごゆっくりお過ごしください

訪問客を前にして、最初に述べるあいさつ。とくに、招待客が大勢集まったときに用いる。なお、「行き届かないことが多々あるかと思いますが」の部分は、「なんのおもてなしもできませんが」と言ってもいい。

◉自宅にお客を招いたときの使えるひと言

□狭いところですが、お上がりください

玄関で来客を迎えるときに使う定番のあいさつ。「狭いところですが」と謙遜しながら、歓迎の気持ちを表す。「お待ちしておりました。狭いところですが、どうぞお上がりください」などと使う。

□なんのおかまいもできませんが

家に客を招待したとき、よく使われるあいさつ。もてなしつつも、「なんのおかまいもできませんが」と謙遜してみせる。お茶を出しながら、「なんのおかまいもできませんが、どうぞごゆっくりおくつろぎください」などと使うのが一般的。

□どうぞお当てください

来客に、座布団をすすめるフレーズ。座布団が用意してあるのに、来客が遠慮して使っていない場合などに、「どうぞお当てください」と言ってすすめる。さらに丁寧に言うなら、「おみ足をおくずしになってくださいませ」という言い方もあるが、現代ではそ

こまで丁寧にいうと、意味が通じない相手も多いのでケースバイケースで。

□おかまいもできませんで

来客を見送るときの定番フレーズ。客が帰ろうとしたときに、「本日は、おかまいもできませんで」などと使う。実際は、食事などを出し、精一杯もてなしたとしても、最後に一応へりくだるのが、大人の言い回し。

□すっかりお引き止めしてしまって

長居したお客を送り出すときのひと言。たとえ、こちらが引き止めたわけでなくても、「すっかりお引き止めしてしまって、申し訳ございません。お時間は大丈夫ですか」などと相手を気遣うこと。一種の社交辞令。

□そこまでお送りいたしましょう

訪問客が帰るときに、見送る言葉。「道はおわかりですか。そこまでお送りいたしましょう」「よろしければ、そこまでご一緒いたしましょうか」などと使う。とくに、初めて来た客など、近くの道に不案内な客に対して使うと効果的。

◉取引先を訪問したら、忘れちゃいけないこの言葉

□お時間をさいていただいて恐縮です

仕事中の人を訪問したとき用のお礼の言葉。「お忙しい中、お時間をいただきまして、ありがとうございます」「おじゃまいたしまして申し訳ございません」などと言ってもよい。なかなかアポイントメントがとれない、多忙な人に対して使うと、より効果的。

□お忙しい中、ご面倒をおかけいたしました

訪問先の相手に世話になったときに述べるお礼の言葉。帰り際に、「お忙しい中、ご面倒をおかけいたしましたが、おかげさまでうまくまとまりそうです」などと言うとよい。「すっかりお手をわずらわせてしまいました」「ひとかたならぬお世話になりました」などと言っても、誠意は通じる。

□本日は貴重な時間をありがとうございました

商談や打ち合わせが終わり、相手と別れるときに使う感謝の言葉。「長時間ありがとうございました」と言ってもよいが、「貴重な時間をありがとうございました」「貴重なお

話をありがとうございました」と言ったほうが、「有意義な時間を過ごせた」というニュアンスを表せる。

□聞いていただいただけでも光栄です

取引や打ち合わせなどで、手応えが感じられなかったとき、別れ際に使える言い回し。そのような場合、食い下がって時間を無駄にするよりも、「聞いていただいただけでも光栄です。本日はありがとうございました」と頭を下げて謙虚さを見せたほうが、あとあとよい結果につながることが多いもの。

□勉強させていただきましてありがとうございます

目上の人から、ためになる話を聞いたときに述べるお礼の言葉。訪問先で話し込んだあと、帰りのあいさつとともに使うと効果的。「本日は、ためになるお話を伺うことができました」「貴重なお話を伺うことができ、勉強になりました」など。

□お忙しいところ恐れ入りますが

訪問先で、頼み事をするときの決まり文句。「お忙しいところ恐れ入りますが、見積りのご確認のほど、よろしくお願いいたします」などと言う。「恐れ入りますが」の前に

「誠に」「大変」などを入れてもよい。相手の忙しさを配慮しつつ、こちらの要求を通したいときに、重宝する言葉。

□お呼び止めいたしまして

誰かに頼みごとをするときに、最初にかけるひと言。知らない人に道を聞くときに、「お呼び止めいたしましてすみません。ちょっとお聞きしたいのですが」などと使う。相手の都合を思いやりながら、手助けを頼むことで、印象をやわらげられる。

◉「酒席」で使ってみたい大人のフレーズ

□おかまいなく

宴席で、酒を断るときのフレーズ。もう飲みたくないのに、空いたグラスに酒をそそがれそうになったら、「どうぞおかまいなく」と言って断ればよい。「手酌で結構ですので」と言ってもいいが、このように遠回しにいったほうがスマートに聞こえる。

□ほんのおつきあい程度で

酒席での、よくあるやり取り。酒に強いか弱いかを問われたときに、「ほんのおつきあい程度です」などと答える。実際は、かなり強い方でも、こう言っておくと大人っぽく聞こえる。本当に飲めない人なら否定するはずなので、こう言われた相手は、「本当は強いんだな」と判断してくれるもの。

□今日はこちらがお誘いしたのですから

勘定を持つ、持たないでもめたときに、便利なフレーズ。「今日はこちらがお誘いしたのですから、持たせてください」などと使う。反対に、相手に誘われた場合には、「今日のところは、こちらの顔を立てさせてください」と言えば、「今日だけなら」と相手の納得をえやすい。

□かえって気詰まりですから

おごってくれるという相手に、自分の勘定を払いたいときに、使えるフレーズ。金額がわずかで受け取ってもらえないときでも、「かえって気詰まりですから」「次にお願いしにくくなりますから」などと言えば、たいていの場合受け取ってくれるものだ。ただし、目上の人に対しては、このように食い下がると失礼になることもあるので注意。

たったひと言で「気持ち」を伝えるには？……………贈り物をする・祝う・見舞う

◉贈り物を渡すときに使いたい便利なフレーズ

□どうぞお納めください

贈り物をするときに使う基本フレーズ。若い人は「どうぞお受け取りください」と言いがちだが、それよりもこなれた言い方。愛想よく言えば、雰囲気が柔らかくなって、相手も受け取りやすくなる。送り状にも「お中元を送らせていただきましたので、どうぞお納めください」と書けばよい。

□お口に合いますかどうか

日頃お世話になっている人や取引先に、菓子折りを持参したときの基本フレーズ。感謝の気持ちを述べてから、手土産を差し出し、「お口に合いますかどうか」と言葉を添える。相手の好みを尊重した表現で、誰に対しても嫌味なく使える。

□お口汚しにいかがかと思いまして

年配者に菓子折りなどの手土産を持参したときにふさわしいフレーズ。手土産を差し出してから、「おいしそうなお饅頭を見つけました。お口汚しにいかがかと思いまして」などと使う。言外に相手をグルメと認め、敬う気持ちを込められる。

□心ばかりのもので

菓子折りに限らず、手土産を持参したときの定番フレーズ。贈り物をしても、相手の趣味や事情によって、喜んでもらえるかどうかわからない。そこで「心ばかりのもので、お恥ずかしいのですが」と謙虚にいえば、言外に「気に入っていただけるかどうかわかりませんが、ほんの気持ちです」という思いを伝えられる。

□かたちばかりではございますが

謙虚さを前面に出しながら、贈り物を渡すときの言葉。かつては「つまらないものですが」という表現が使われたが、いまでは卑下しすぎの印象を与えるので、あまり使われなくなっている。代わりに「かたちばかりではございますが、お納めください」と言って謙虚な気持ちを伝えればいい。

□お気に召していただけたらうれしいのですが

手土産を持参したときに添える言葉の応用バージョン。「旅先で面白いものを見つけましたので」とか、「私どもの近くでは、おいしいと評判のケーキで」など、その品物を選んだ理由を述べてから、「お気に召していただけたらうれしいのですが」と添える。贈る側の気持ちがよく伝わり、相手も親しみを抱いてくれるだろう。

□感謝の気持ちです

お世話になった人に贈り物をするときのフレーズ。手土産の場合は、「その節は本当に助かりました。ありがとうございました」とお礼を述べてから、「感謝の気持ちです」と差し出すのが、オーソドックスな用法。

□ごあいさつのしるしとして

贈り物をすると、相手が恐縮すると予想されるときに便利な言葉。「どうして、わたしに贈り物を?」と疑問に思いそうな相手には、「○○のしるしとして」と贈る理由をはっきり伝えたほうが、「せっかくのご厚意ですので」と受け取ってもらいやすくなる。

「ごあいさつのしるしとして」「お近づきのしるしとして」「感謝のしるしとして」など。

□お祝いのしるしですので

上司の栄転や赤ちゃん誕生など、お祝いに現金を渡すときにふさわしい言葉。相手が「いや、気を遣わないでください」と断るそぶりを見せても、明るく「お祝いのしるしですから」と言えば、その場はなごみ、受け取ってもらいやすくなる。

□ご査収ください

FAXの送信状などでおなじみの定番フレーズ。「査収」は「よく調べて受け取る」という意味で、「○○を同封いたしましたので、ご査収ください」といえば、「受け取り後に内容確認してください」という意味になる。FAXやメール、郵便で書類やパンフレット、カタログなどを送るときにも使える。

□ご笑納ください

贈り物の送り状に使われる基本フレーズ。「笑納」は笑って納めるという意味で、「つまらないものだが、笑って受け取ってほしい」という気持ちを表す。送り状に、「心ばかりのお品をお送りいたしましたので、ご笑納ください」と書くのが一般的な用法。

◉気持ちを伝えるお祝いの言葉

□心からお祝い申し上げます

ややかしこまった、お祝いのフレーズ。儀礼的な文書のほか、結婚式や開業、創立記念などのスピーチでもよく使われる。「この度のご就任、心からお祝い申し上げます」などど。「心からお喜び申し上げます」と言ってもよい。

□あやからせていただきたい

お祝いの席でよく使われる祝福の言葉。「あなたのように、自分も幸せになりたい」と伝えることで、相手の慶事を祝う。結婚式なら「本日はおめでとうございます。私もお二人の幸せに、あやからせていただきたいと思います」、長寿の祝いなら「お年にあやからせていただきたいと思っております」などと使う。

□ご両親もこれでひと安心ですね

結婚や就職の決まった若者を祝うフレーズ。「このたびは、おめでとうございます。これで、ご両親様もひと安心ですね」などと使う。ただし、使う相手は、自分よりもかなり年下の人に限ること。同輩や先輩に使うと、失礼を通り越して滑稽になる。

□ご両親もさぞやお喜びでしょう

これも、年少者向けの祝いのフレーズ。結婚や就職など、何かおめでたいことが決まったときに「無事、内定が出てよかったですね。ご両親もさぞやお喜びでしょう」などという。このバリエーションに、「ご両親様も、さぞご自慢のことでしょう」がある。

□ご栄転おめでとうございます

転任、昇進が決まった人にかけるお祝いの言葉。「このたびは、ご栄転おめでとうございます」というのが決まり文句。自分以外の人の転勤については、「ご栄転」を使うのが常識で、「ご転任おめでとうございます」と言ってはいけない。

□ますますの飛躍をお祈りします

これも、栄転や昇進を祝うときの決まり文句。「ご栄転おめでとうございます。ますますの飛躍をお祈りしております」「○○でのご活躍を期待しております」などと使う。口頭で述べるほか、文書で使ってもよい。

□ご努力がむくわれましたね

苦労の末に成功した人に使うお祝いのフレーズ。「このたびは、開業おめでとうございます。ご努力がむくわれましたね」「今までのご苦労がむくわれて、よかったですね。お喜び申し上げます」などと使う。

□おめでとう。お似合いですね

結婚式の当日、新郎新婦にかけるお祝いの言葉。「おめでとう。お似合いですね。いつまでもお幸せに」などと声をかける。新郎新婦が年少者であり、そのどちらかと親しく付き合っている場合に、ふさわしいあいさつ。

◉お見舞いの言葉はどうやってかける？

□ご気分はいかがですか

見舞いの基本的なあいさつ。入院中の人にも、回復して退院した人にも使える。「ご気分はいかがですか。一日も早いご回復を祈っております」などと使う。「具合はいかがですか」と言ってもよいが、目上の人には「ご気分」と言ったほうが丁寧に聞こえ、無難。

□お顔色、ふだんと少しも変わらないですね

病気療養中の人にかける励ましの言葉。気持ちが晴れるように、明るく励ましたいときに使う。「お顔色、ふだんと少しも変わらないですね。安心しました」「お顔色もいいし、お元気そうで安心いたしました。ゆっくり養生なさってください」などと用いる。

□その後の経過はいかがでしょうか

病気から回復した人に、ひと声かけるときに使えるフレーズ。長く患っていた人が、復帰したときなどに、「お元気そうで、何よりです。その後の経過はいかがでしょうか」などと使う。病み上がりの人を気遣う定番の言葉。

□お疲れになるといけませんから、そろそろ失礼します

見舞いの終わり、病室をあとにするときのあいさつ。「それでは、お疲れになるといけませんから、そろそろ失礼します」などと使う。見舞いは、ほかの入院患者の迷惑も考えて、一人で行くなら三十分、数人で見舞う場合は十五分をめどに、早めに切り上げたい。

□ご養生のかいがありましたね

病気が治ったことを祝うときに、覚えておくと便利なフレーズ。退院した人に、お祝い

の言葉をかけたいときに、「退院おめでとうございます。ご養生のかいがありましたね。どうぞお大事に」などと使う。

□用心するに越したことはありません

病み上がりの人にかけるひと言。元気そうに見えても、まだ本調子でないことが多いので、「寒い日が続いていますので、用心するに越したことはありません。どうぞお大事になさってください」などと使う。

◉欠かしてはいけないお見舞いへのお礼の言葉

□ごていねいに、ありがとうございます

見舞いに来てくれた人へのお礼の言葉。自分のために足を運んでくれたことに、まず感謝の意を表す。そのあと、「ご心配おかけして、申し訳ございません」と続けるとよい。

□お忙しいところ、わざわざありがとうございます

時間を作って病院まで来てくれた人に感謝の気持ちを伝えるフレーズ。他に「お忙しい中、ありがとうございます」「お忙しい中、恐れ入ります」などとも使う。もし、相手

が会社の同僚なら、「この忙しい時期に、申し訳ないね」とカジュアルに言ってもいい。

□おかげさまで元気が出てきました

見舞いに来てくれた人に述べる感謝の言葉。病室で、体の具合を聞かれたときに、「おかげさまで元気が出てきました。ありがとうございます」などと使う。このように言われると、見舞客も安心して帰ることができる。

□みなさまもお体にはお気をつけください

見舞い客が帰るときにかける別れのあいさつ。「本日は、お忙しいところ、ありがとうございました。みなさまも、お体にはお気をつけください」などと用いる。

□あなたの顔を見て元気をもらったみたい

見舞いに来てくれた人と親しい間柄なら、かしこまったあいさつよりも、このような親しみを込めた言葉でお礼の言葉を返したい。「今日は来てくれてありがとう。あなたの顔を見て、元気をもらったみたい」「今日は、顔を見せてくれて、ありがとう」などと使う。

プロが教える会話の鉄則③

使ってはいけない言葉

□改まった場所で「ぼく」は使えない

改まった場所にふさわしい自称は「わたくし」。少なくとも「わたし」だ。いい大人が「ぼく」ではみっともない。

□業界用語は使わない

どんな業界にも業界用語があるものだが、部外者に対して使うのは、会話のルール違反。部外の人にとって、業界用語を使う人は、どこかエラそうに自分たちを見下しているように見えるからだ。

□一般的でない専門用語、略語を使わない

聞き慣れない専門用語は、聞き手をとまどわせる。自分の意見を理解してもらうためにも、一般的ではない言葉は避けたほうがいい。

□命令形は極力使わない

大人の会話の中で「命令形」を使うのは失礼。「しなさい」という代わりに、「したほうがいい」式の表現を使うのが常識。下手に命令形を使うのは、人間関係を壊すもと。

□代名詞や連体詞を多用しない

会話中、「これ」「それ」「あれ」、「こんな」「そんな」「あんな」といった代名詞や連体詞を多用すると、意味のとりづらい言葉になる。多用しないほうが、会話がはずむものだ。

□ビジネスでは複数の「たち」は使わない

ビジネスでは「わたくしたち」という言い方はNG。謙譲語のニュアンスがある「わたくしども」を使いたい。

6

言いにくいことを上手に伝えるモノの言い方

角をたてずに相手を拒むコツ……断る

◉すぐに使える「断り」フレーズの基本

□せっかくですが

飲み会に誘われたときに、ただ「すみません、予定があって……」と断ったのでは、「誘ってくれた相手に感謝している」というニュアンスが伝わらない。「せっかくですが、今夜は都合がつきませんもので……」というと、「誘っていただき、ありがたいのですが……」という気持ちを伝えられる。

□今回は見送らせてください

ポイントは「今回は」という言葉。断っても「今回は」と付け加えると、次の機会には可能性がある意味が含まれ、相手と縁を切ることにはならない。

□……いたしかねます

「できません」と言ってしまっては、身もふたもない。そこで、自分の本意ではないが、という意味合いを含んだ「いたしかねます」を用いたい。たとえば、取引先から問い合わせを受けたとき、自分で答えられるものではなかった場合、「その件につきまして、私ではご返答いたしかねます」などと使う。

□お役に立てず残念です

断るときに「少々お時間をください」というような「時間稼ぎ」をして、あいまいに拒絶する方法もある。だが、ハッキリ言いながら、相手の気持ちを損なわないようにするには「お役に立てず残念です」と言えば、「力になりたいのはやまやまですが」というニュアンスを伝えられる。

□考えさせていただけますか

はっきりと断ることに角がたちそうなとき、「考えさせていただけますか」と言って、その場をしのぐのも、大人の対応の一つ。ただし、「断る」という本意を伝えるには相当の演技力が必要。

□よく考えさせていただいたのですが

いったん返事を保留しておいたが、熟考しても、やはり「ノー」と返事をするときに使う。「先日の案件につきまして、よく考えさせていただいたのですが、やはり私では力不足で、お役に立てそうにありません」などと使う。

□あいにくですが

「あいにく」は「具合が悪いことに」という意味。たとえば、仕事中にかかってきたセールスの電話を切りたいときなど、「あいにくですが今から出かけるところなので……」といった使い方をすれば角がたたない。

□ご希望に添いかねますので

言葉どおり、相手の意思や期待に応えられない場合に使う。ビジネス・シーンでは新規の取引きのときに多く用いられる。また、採用試験の応募者に不採用を伝える書面などでも、よく使われる。

□今、手が放せないものですから

「忙しい」ことを伝える場合、ただ「忙しいんです」と言うのは、ぞんざいでぶっきらぼう。「すみません。今、手が放せないものですから、お話は後日、伺います」と言えば、少なくともその場をしのげる。

□○○に相談してみませんと

本当に、自分で判断できる権限がないときにも使うが、言い訳としても成立する。○○には、ビジネスの場合は「上司」、勧誘やセールスの電話のときには「主人」や「家内」を入れればいい。

□足手まといになるといけませんので

実際に、足手まといになるかどうかは問題ではない。自分が納得できない条件や待遇を示された場合、「自分には力がない」「自分には向かない」とへりくだることで、相手の感情を害さないように断るためのフレーズ。

□おこころざしはありがたいのですが

理由のはっきりしない金品の申し出を受けたとき、自分にとって分不相応な贈答品を遠慮したいとき、あるいは過剰な接待を断るときに使うフレーズ。「おこころざしはありがたいのですが、お気持ちだけいただいておきます」などと用いる。

□このように、お心遣いをいただいても困りますので

要するに「ありがた迷惑だ」の大人的表現。たとえば、新規事業の契約を断ったにもかかわらず、多額の金品を贈ってくるような業者に対して、それを拒絶するときに使う。

□ご遠慮申し上げます

先輩など、目上の人からの依頼や勧誘を断るときに使う。言葉自体は丁寧だが、はっきりした拒絶の意志を伝えられる。「声をかけていただき、ありがたいのですが、ご遠慮申し上げます」などと使う。

□ご事情、重々お察しします

おもに、知り合いから「お金を貸してほしい」と言われた場合の断り方。相手が困っていることに理解を示すのも、大人のたしなみ。こう言えば、結果的に断っても、相手の気持ちは少しはやわらぐというもの。

□ご意見として承っておきます

クレームを受けた場合、たとえこちらに非がなかったとしても、相手に対して「違います」というのが正しいとはかぎらない。ときには「ご意見として承っておきます」、あるいは「貴重なご意見をありがとうございます」くらいのことを言えるのが、大人の対応というもの。

□話が前後して恐縮ですが

会話や商談が相手のペースで進み、こちらの主張を伝えられずにいるときは、「話が前後して恐縮ですが、先ほどの提案につきまして」という話題の変え方がある。単に「話を戻したいのですが」と言うよりは、穏やかに主張を伝えられる。ただし、唐突に言うと相手の気分を害しかねないので、「なるほど、そうですね」などとあいづちをうちながらタイミングをはかって使うこと。

□お汲みとりください

取引先などの無理な要求に「できません」「無理です」と露骨にいうのは、子どもの日本語。「何卒お汲みとりください」と言えば、当方にとって無理な要求であることを婉曲に伝えられる。

◉スマートに誘いを断る便利な言葉

□あいにく先約がありまして（ちょっとした誘いを断る）

予定が入っていて都合がつかないとき、あるいは行きたくない場合には、「申し訳ないのですが、あいにく先約がありまして」というのが定番の断り文句。具体的な理由を言わないですむ便利な言い回しだ。

□不調法なものですから（宴席でお酒を断る）

体質的にお酒を飲めない人もいる。そうした場合、「飲めません」では、あまりに芸がない。せっかくの宴席をしらけさせずに、コミュニケーションをはかる場として活用するためには「不調法でして」くらいの言葉を使いたいところ。

□今日は少し風邪気味でして（すすめられた酒を断る）

これも、「飲めませんので」と言うよりは、スマートな表現。

□もう一軒、まわるところがございまして（取引相手からの誘いを断る）

デートの予定があるのに、取引先の人から「今夜、一杯、いかがですか」と誘われた場合、もちろん「今夜はデートで」というわけにはいかない。「もう一軒、まわるところがございまして」あたりが無難なフレーズだ。最初に「ありがとうございます」、最後に「ぜひ、また別の機会に」と、つけ加えればベター。

□あいにく動かせない予定が入っておりまして（誘われた日に先約があるとき）

誘いを受けたが予定が入っているとき、「その日は別の予定があるから行けませんね」と断るのは、相手の気持ちをまるで考えていない返事。「あいにく動かせない予定が入っておりまして、申し訳ないことに、伺うことができません」程度にはていねいに断りたいもの。実際に予定が入っているか、いないかにかかわらず使えるフレーズだ。

□明日、出張で朝が早いんだ（友人の誘いを断る）

友だちどうしであっても、誘われたとき、「今日は忙しいから」と言って断るのは、いささか失礼というもの。会社の同僚でなければ、出張しているかどうか、わからないはずだから、「誘ってくれてありがとう。でも、じつは明日、出張で朝が早いんだよ」とでも言っておくのが、大人のつきあいというもの。

□急な差支えができまして…（直前になって断る）

誘いをドタキャンするときに使える表現。「たいへん申し訳ないのですが」という、お詫びの言葉も合わせて使うのが大人のマナー。「また何かの折には、ぜひ、お声をかけてください」といったフォローもしておくとよい。

□よんどころない急用ができまして（身内の不幸で祝いの席を欠席する場合）

結婚式や披露宴、あるいはパーティといった慶事と、身内に不幸があったというような場合、優先するのは弔事のほう。その場合、慶事に出席する予定をキャンセルすることになるが、「不幸」があったことを伝えるのは控えたい。「よんどころない急用ができまして」と、あえて曖昧に言うのが大人というもの。

◉こういう断り方なら、無理なく断れる

□今日は体調が悪いので（行きたくない飲み会を断る）

電話で飲み会に誘われたときなどに使える。電話なら、顔色まではわからないので、「元気そうだけど」と突っ込まれることもない。

□時間ができたら、こちらからご連絡します（デートの誘いを断る）

気の進まないデートの誘いを断るには、便利なフレーズ。「こちらから連絡する」と言っておけば、常識のある相手なら、そう何度も連絡してこないはず。

□仕事に集中したい時期なので（交際を断る）

これは、異性から「付き合ってほしい」と言われたときに効果的な断りのフレーズ。断る理由を、相手に対する好き嫌いではなく、自分側の事情にしておけば、たとえフッても、相手をそう深く傷つけることはない。

□しばらくは仕事に専念したい思っております（縁談を断る）

「お見合い」をすすめられたり、交際相手を紹介されたときに使える断りのフレーズ。「まだ結婚する気はないんですよ」と言うよりも、「しばらくは仕事に専念したいと思っているんです」と言ったほうが角はたたない。

□別の時期にしていただけませんか（ＰＴＡなどの役員を断る）

たいていの人は尻込みする「ＰＴＡの役員」。それを断るのに「仕事」を持ち出すのも手だが、ほとんどの人が働いている近頃では説得力に欠ける。そこで、「家で母親を介護している」「下の子が生まれたばかり」といった家庭の事情を理由にして、「別の機会に……」といったニュアンスで断るのが無難。

□いま、手元がふさがっていまして（仕事を断る）

往々にして、仕事の依頼は突然、飛び込んでくるもの。もちろん、それに対応するのが大人だが、キャパを超えている場合は如何ともしがたい。その場合、「別の仕事で手がふさがっていまして」と、仕事を理由にするのが賢明な断り方。

□（夫・妻に）これ以上は、経済的に無理といわれて（保険の勧誘を断る）

保険などの勧誘員は、親戚や友人・知人に声をかけてくるもの。声をかけられると、力になりたいと思いつつも、経済的に無理という場合もある。そうしたときは、「夫（妻）に相談したけれども」と、自分の意思とは別のところで、「経済的に無理」という事情を伝えて断るのが大人のつきあい。「申し訳ないけれども」の一言を添えたい。

□いま、得意なナンバーを探しています（カラオケを断る）

飲み会の二次会といえば、カラオケが定番だが、歌が苦手な人もいるもの。まわりから「歌え」といわれて「ヘタだから」と言ったところで、盛り上がっている酔っ払いは容赦がない。そういうときは「いま、得意な曲を探しています」といって、歌本をめくっているといい。そのうち、順番はわからなくなり、自然に解放されるはずだ。

□新しい仕事をする予定なので（習い事をやめるとき）

習い事を始めたが、やめたくなったとき、その理由を「自分には向いてない」とか「思ったほど楽しくない」と正直に述べるのは、大人げない話。「仕事（学業）との両立が難しい」といった「本業」を持ち出すのが、無難な理由付けだ。その気がなくても「余裕ができたら再開します」と付け加えておけばいい。

◉取引先の提案を断るすごいフレーズ

□なにとぞ、あしからずご了承ください

断りの基本フレーズ。ただし、形式的で紋切り型の言葉だけに、お得意様などには使えない。飛び込みセールスマンを断るときなど、一過性の相手限定の言葉。

□ほかのことでしたら、考えられますが

話にならないような案件でも、断るときに「考える余地はありませんね」と言っては、身もふたもない。「ほかのことでしたら、考えられますが」と言えば、「その話は100％無理」という、こちらの意思を婉曲に伝えられる。

□次にお願いしにくくなりますから

お礼など、過分な申し出を断るときのフレーズ。「長くおつきあいしたいと考えていますので、お気遣いなく」といったニュアンスを含ませることができる。「ごちそうしてくれる」という相手に対して、「割勘にしましょう」と切り出すときなどに使える。

□時期が時期だけに難しいと思いますよ

理由をはっきりさせず、ただ「時期」だけを理由にして断るのも、大人のテクニック。誰のせいにもできず、特段の理由をあげられないときに使える。

□何人もの方が同じようなお話を持ってきてくださるのですが……

誘いや紹介に対して、「あなただけを断っているのではない」という意味合いを含ませ、「相手が誰だとしても、お断りしている」ことを伝えるフレーズ。「〜くださるのですが……」と余韻を残し、「お断りをしている」というセリフをあえて言わないのが、大人の日本語。

□お気持ちだけいただいておきます

はっきりいって、物を贈られると、迷惑な場合もある。ただ、そんなときでも「そんなものはいりません」とは言えないのが、大人の社会。そうした場合は「お気持ちだけ、ありがたくいただきます」という言葉で、やんわり断れる。

□難しいお話ですね

相手が親しければ「バカバカしい」と言ってしまうような話でも、相手が取引先だったり、上司の場合は、リアクションに困るもの。そうしたときに使えるのが「難しいお話ですね」という言葉。「わかりました」とも「お話になりません」とも言っていないところがミソ。

□この方法は○○さんがやってみてうまくいかなかったそうですよ

上司や取引先から「こうすればいい」「こうしてください」と言われたときは、たとえそれが間違っていたとしても、はっきり「違いますよ」とは言いにくい。そうした場合、「○○さんは、うまくいかなかったと話していました」といったぐあいに、第三者を登場させて反論するのも、大人の日本語というもの。

□冗談がお上手ですね

たとえば、相手が失礼なことを言ってきた場合や、無茶な頼みごとをされたとき、面倒な役目を押し付けられそうなときなどに、やんわりと拒絶できるフレーズ。ただし、嫌味のニュアンスを含んでいるので、スマイルを浮かべて柔らかく述べ、すぐに話題を変えてしまうこと。

◉丁寧に断ったほうがいいときに使える言葉

□誠に不本意ではございますが

相手の期待に添いかねる結果を知らせるときに、枕詞のように使う定型句。「不本意」は「私どもが望んだことではないのですが」という意味。また、もっと短くして「誠に不本意ながら」という表現も使われる。

□ご容赦くださいませ

これは、近年は、会話よりも文章でよく使われる言葉。たとえば「ご注文後のキャンセルは、お受けできませんので、ご容赦くださいませ」などと使う。より丁寧な言い方にすると、「ご容赦くださいますよう、お願い申し上げます」。

□安請け合いして、かえってご迷惑をおかけしてはと……

これは、知り合いから、借金などの厄介ごとを申し込まれたときに、やんわりと断るフレーズ。本当に迷惑しているのは、借金を申し込まれた自分のほうであっても、「迷惑をかけたくない」という言い方で、相手の顔をつぶさないようにするわけだ。

□ご趣旨はよくわかりますが

これは、相手を立てながら、反論するときの枕詞。本当は反対意見を持っているのだが、とりあえず相手の気分を害してはまずいときに使える。枕詞的に使うことによって、語調がきつくならないようにしておき、続けて「ただ、私が申し上げておきたいのは……」と反対意見を述べればいい。

◉上手に辞退したいならこんなひと言

□一身上の都合により、ご辞退させていただきます

何かを辞退するときの定型文。ただ、形式的な文章なので、このあとに続く文章で、事

情を説明をしたほうが、相手に誠実な印象を与えることができるだろう。

□謹んでご辞退させていただきたく思います

相手から何かを依頼されたことに対する、丁重かつ謙虚なお断り表現。「謹んで」をつけると、謙虚さをより強調する効果がある。

□身分不相応ですから

これも、へりくだって断るパターンの言葉。たとえば、見合いを断るとき、相手のことを気にいらなかったのが本当の理由だとしても、「ご立派な方すぎて、私どもにも身分不相応と思えて……」というのが、上手な断り方というもの。

□とてもその任ではございません

保証人など、何かの手伝いや仕事を頼まれたときに使える言葉。「自分は、○○になれるような器の人間ではない」とへりくだることで、相手にあきらめてもらうわけだ。謙虚な態度で伝えれば、「薄情なやつ」とは思われないはずだ。

□どうか、こちらの事情もお汲みとりください

無理筋の依頼、たとえば借金の申し込みなどを断るときの言葉。「こちらの事情も」と言うことで、無理筋だということを婉曲に悟らせようとするフレーズだ。

□少し考えさせてください

その場で断りにくいときは、即答は避け、少し時間を置くといい。そのための時間稼ぎをするための言葉。ただし、相手によっては、時間を置くと、かえってよい答えを期待する人もいるので注意が必要。この言葉を避け、即座に断ったほうがいいこともある。

□私には荷が重すぎますので

自分は頼まれごとを引き受けるには未熟とへりくだって、断りの意思を伝える言い方。同じようなニュアンスの言い方に、「私では、あまりにも力不足ですので」がある。

□ほかのことなら、お力になれると思いますが

「あなたの依頼を断るのは不本意なのですが、どうしてもその件についてはできません」というニュアンスをこめて、相手の依頼・要求を断るときに使う言葉。「それだけはご勘弁願いたい」も同じような意味。

□家内が心配するものですから

自分ではなく、家族を盾にとって婉曲に断る言い方。若い女性なら、「親が心配するものですから」と言えばいい。ただ、いい大人が「家内（親）が心配するので」と言うと、いささか情けない人のようにも思われかねない。そこで、「年老いた親に心配をかけるのもあれですので……」などと、多少の変化を付けることが必要になる。

このひと言でピンチをチャンスに変える！……謝る

◉すぐに使える「お詫び」フレーズの基本

□申し訳ありませんでした

お詫びの言葉の定番中の定番。たとえば、頼まれごとを断りたいときは、「申し訳ありませんが」と頭を下げつつ言えば、やんわりと断れる。なお「申し訳」とは「言い訳」「弁解」のことなので、「申し訳ありません」は本来、「弁解の余地もありません」という意味になる。

□お詫び申し上げます

「詫びる」に「申し上げる」という謙譲語をくっつけたもので、「お詫びします」よりも、あらたまったお詫びの言葉になる。「謹んでお詫び申し上げます」とすると、よりかしこまった表現になり、真摯に謝罪している姿勢を表せる。

□大変ご迷惑をおかけいたしました

さまざまな場面で使える便利な言葉。自分の過失で相手に迷惑をかけたとき、迷惑の種類、レベルを問わず、幅広く使える。たとえば、「ご連絡が遅くなりまして、大変ご迷惑をおかけしました」のように、冒頭に謝罪する事柄を入れるのが、お約束のパターン。

□大変ご心配をおかけいたしました

相手に〝実害〟を与えたときではなく、「心労などの心の負担をかけた」ときに使える言葉。「先日、入院した際には、ご心配をおかけしました」のように、お詫びとともに「心配していただき、ありがとうございました」という感謝の気持ちも同時に表せる。

□お恥ずかしい次第です

小さな不注意、簡単なミス、部下の監督不行き届きなどがあったときなどに、謝り言葉として使えるフレーズ。また、自分がテレビに出るなど、何か目立つようなことがあったときにも使える言葉。

□面目ありません

「面目」は、世間に対する体面や立場のこと。この言葉は、何かの失敗をして、恥ずかしくて人様に合わせる顔がない、世間に顔向けができないほど恥ずかしい、という意味で使える。似たニュアンスの言葉の「穴があったら入りたいほどです」「顔から火が出そうです」なども、大人の常套句。

□お気を悪くなさらないでください

悪気はないものの、相手の意に沿わないことをしてしまったり、本当のことを伝えなくてはならないときに、相手に真意を理解してもらうために使うフレーズ。

□相《あい》すみません

「すみません」の改まった言い方。この「相」は、改まったニュアンスを生み出すための接頭語。

□平にご容赦ください

「平に」は副詞で、「何卒」「どうにか」という意味。「容赦」は「赦《ゆる》す」「手加減する」

ことだから、「何卒お赦しください」という意味になる。この言葉は、畳の部屋によく似合い、おでこを畳にすりつけるくらい平身低頭しながら使うのがコツ。さらに改まった言葉に「伏してお願い申し上げます」がある。

□肝に銘じます

注意されたり、叱られたとき、謝罪と反省の気持ちを同時に表せるフレーズ。「ご忠告いただき、ありがとうございました。肝に銘じておきます」のように使う。

□お詫びの言葉もありません

あまりに申し訳なさすぎて、表現できないほど詫びる気持ちが強いことを表す言葉。先方の怒りがひじょうに大きいときは、余計な弁解をせずに、このフレーズを使うしかない。「なんとお詫びしてよいやら、わかりません」も、同じニュアンスの言葉。

□弁解の余地もございません

「お詫びの言葉もありません」のバリエーション。相手の言い分に対し、「おっしゃるとおりです」という同意を表しながら、「弁解できないほどの大きな非がこちらにあります」というニュアンスを伝え、赦しを乞うときに用いる。

□ひと言もありません

上司に叱られ、「何か言いたいことはあるか」と聞かれたときなどに、使えるフレーズ。単に「ありません」と答えると、いかにもぶっきらぼうで、反省していないと取られても仕方がない。そこで、この「ひと言もありません」という言葉を使えば、「弁解の余地もないほど、反省しています」といった気持ちを伝えられる。

□うかつにも

「うかつにも」は、うっかりしていて不注意をすること。「当方の不注意で迷惑をおかけして申し訳ありません」といった気持ちを伝えられる。類似の表現に「不覚にも」があるが、こちらは「うかつにも」に比べて「(自分の責任ではなく)そうなってしまった」といったニュアンスを含むので、やや反省の態度に欠けるところがある。

◉これだけは覚えておきたい丁重な謝り方

□私の不徳の致すところです

自分側の失敗について、知識や経験が至らなかったことを反省していう言葉。自分自身の不始末だけではなく、部下の失敗をめぐって上司が監督責任を詫びるときにも使える。

□お恥ずかしいかぎりです

「かぎり」は「最大の」「きわみ」のことなので、「きわめて恥ずかしい」という意味になる。ただし、現実には、謙遜の意味合いで使われることが多いので、大きな失敗や重大な事態については使わないほうがいい。小さな不始末をめぐって「年甲斐もなく、お恥ずかしいかぎりです」といったように使う。

□今後はこのような不手際のないよう

場合によっては、謝ったうえで、今後、反省をふまえて、どうするかまで伝える必要がある。そんなとき、便利なのが「今後は、このような不手際のないよう、注意いたします」というフレーズ。ただ、この言葉、小さな不手際には使えるが、取返しのつかない大失敗には使えない。

□ご面倒をおかけしました

人に頼みごとをしたときや、手間をかけたとき、ただ「ありがとうございます」と言うだけでは、大人の言葉としてはいささかものたりない。「ご面倒をおかけして、すみませんでした」のひと言くらいは付け加えたいところ。また、お願いごとをする際に、「ご面倒をおかけします」と添えるのもいい。

□残念ながら、私の力が及びませんでした

「がんばりましたが、できませんでした」というセリフで許されるのは、学生時代。同じ意味でも、大人には大人にふさわしい言い回しがある。「残念ながら私の力が及びませんでした」というのが定番のフレーズ。

□やむなく○○に至った次第です

自分の側の不始末ではあるのだが、怠慢や無能さによるものではなく、不可抗力でそうなったという意味合いを含む表現。不始末、失敗の事情を説明する際、やむを得ない事情があったことを相手に伝える常套句だ。

□考えが及びませんでした

自分の力不足や不注意でトラブルが起きたとき、反省をあらわすフレーズ。「まったく気をつけていなかったわけではないが、予想を超えた事態だった」という場合に多く使われる。「想像以上でした」などと言うと、大人としての言語能力を疑われかねない。

□考え違いをしていました。申し訳なく存じます

上司や取引先から間違いを指摘されたり、叱責を受けた場合は、ヘタな言い訳はせずに、素直に謝るのが大人らしい態度。その場合、「おっしゃるとおりです」と言ったうえで、「私が考え違いをしていました。申し訳なく思います」と続ければ、相手の怒りも多少はやわらぐはず。

□行き違いがあったように思いますので

どちらが悪いというわけでもなく、連絡ミスや指示の不徹底のために起きたちょっとしたトラブルについて話すときに使う。

□言い過ぎてしまってごめんなさい

ケンカのあとの気まずさは多くの人に経験があり、仲直りの難しさは誰しも知るところ。しかも時間が経てば経つほど、関係修復は難しくなっていく。大人なら、先手必勝よろしく、先に謝ってしまうことだ。その場合、具体的なことを持ち出すと、話を蒸し返すことになりかねないので、「この間は、言い過ぎてしまってごめんなさい」とサラリと言うほうがベター。

□悪かった。僕も反省している

たとえば、恋人と言い争いをしたあと、謝罪の気持ちをあらわしたいのなら「ごめん」だけですまさずに「反省している」と付け加えると、相手も態度を軟化させる確率が高まるだろう。「はいはい、すいませんね」などと言ってしまっては、火に油を注ぐことになりかねない。

□申し訳ないことに、体調をくずしてしまいまして

いわゆる「ドタキャン」を詫びるには「体調の急変」を理由にするのが得策。ただし、この常套句を何度も使うと、信用を失いかねないので要注意。

◉相手の怒りをしずめる謝り方

□不調法をいたしました

お客様に対して、ミスをしたときやサービスが行き届かなかったことを詫びるときの言葉。旅館や飲食店などでよく使われる。たとえば、宴席で、ちょっとしたミスがあったとき、女将が客に「手前どもの仲居が不調法をいたしまして、申し訳なく存じます」と

いってお詫びする場合など。「不調法」はお酒が飲めないことを謙遜するときにも使える言葉。

□非礼の数々、お許しください

自分の態度や言葉に失礼があったとき、あるいは、部下の過失を上司が相手に謝るときに使う言葉。「このたびの非礼の数々、何卒お許しください」などと使う。

□とんだ失態を演じてしまいまして

「失態を演じる」は「体裁の悪いことをする」という意味で、このフレーズは平たく言えば「みっともないところをお見せしまして」といったところ。自分の失態だけでなく、身内のミスに対して、「部下がとんだ失態を演じ、まことにお恥ずかしいかぎりです」などとも使える。

□心から反省して、以後、気をつけます

小さなミスや遅刻などを謝るときは、「以後、気をつけます」と謝罪の言葉をしめくくればいいが、大きな失敗をしたときには、それでは言葉が足りない。頭を深く下げ、「心から反省して」というフレーズを付け加えたい。深く反省していることを言葉と態

度で示し、赦しを乞うことだ。

□猛省しております

反省よりも、さらに強い言葉が「猛省」。深く反省していることをあらわす。「このたびの一件につきまして、猛省しているしだいです」といったぐあいに使う。話し言葉としてよりも、文字としてインパクトがあるため、手紙文で使うとさらに効果的。

◉クレーム対応で失敗しないための謝り方

□さっそく飛んで参りました

誰だってミスをすることはある。大切なのは、そのフォローの仕方だ。電話やメールで「すみませんでした」と謝ったところで、誠意を伝えられない。とにかく直接会って、頭を下げることが肝心だ。それも、早ければ早いほどいい。「さっそく飛んで参りました」と駆けつけることだ。

□ご指摘のとおりです

取引先や上司から、叱責されている最中に「はい」「すみません」ばかりでは「本当に反省しているのか」「自分のやったことがわかっているのか」と、さらなる叱責を食らいかねない。自分が悪いと思ったら、素直に「ご指摘のとおりです」「おっしゃるとおりです」という言葉で、話を理解していることを伝えること。

□ご親切に、ご注意いただきましてありがとうございます

お客からのクレームには、ときとして、的はずれな指摘や、こちらの責任ではない苦情が寄せられるもの。でも、それを「面倒な話」とは思わないこと。相手は親切心で言っていることが少なくないので、「ご注意いただき、ありがとうございます」と応じるのが、大人の対応。

□勝手ではございますが、これにこりずに今後ともおつきあいください

長いつきあいのあるお客や取引先に対して、ミスやトラブルで迷惑をかけたときに使えるフレーズ。まずていねいに謝罪し、納得してもらったうえで、「今後とも、これまでどおりにお願いします」という気持ちを伝える言葉。ただし、相手の怒りがおさまらないうちに使うと、逆効果になりやすい。

□こちらの手違いでした

自分側に非があり、相手には過失のない場合に使う。ミスやトラブルが生じたときは、責任の所在を明らかにしなければならないときがあるもの。そんなとき、非が相手側ではなく、自分側にあることを認めて謝罪する言葉。

□今後、二度とないよう十分に気をつけます

小さなミスではなく、比較的、大きな失敗のときに使う謝罪と反省のフレーズ。「今後、このような不祥事が再発しないよう、十分つとめます」という意味。

□早急に原因を究明いたします

ビジネス・シーンにおいては、トラブルやミスの原因が究明できないと、取引きを再開できないという局面もある。とくに、人命にかかわるような事故が起きた場合に、何より急がれるのが、原因の究明。その次に問題になるのが、責任の所在となる。

□ご指摘いただけなければ気づきませんでした

騒音やゴミ出しのルールなど、ご近所からクレームを受けた場合は、感謝の言葉を添えて頭を下げるのが、人間関係を円満に保つコツ。「教えていただいて、ありがとうございます」という気持ちを伝えることだ。また、子どものイタズラで迷惑をかけたときな

どは、「よく言ってきかせます」といった言葉を添えたい。

◉部下のミスを謝るときのフレーズ

□不行き届きで申し訳なく存じます

自分自身の失敗ではなく、部下のミスに関して、監督責任を認めてお詫びするときのフレーズ。上司が詫びることで、先方が納得することも多く、いわば日本式ビジネスを代表するようなセリフでもある。

□世間知らずなもので、どうかお許しください

学生や若者など、年下の者の不始末を、親や教師などが本人に代わって謝るときのフレーズ。主に、マナー上の不作法や簡単な約束違反、言葉の行き違いなど、小さな問題をめぐって使う。不始末をした者が知識や経験に乏しいことを示し、相手を立てるところがミソ。

□担当の者には、厳しく言い聞かせましたので

部下の失敗を謝るときの定番フレーズ。「お客様には、ご迷惑をかけ、まことに申し訳

なく存じております」と丁寧に詫び、「担当者には厳しく言い聞かせましたので」と部下を叱ったことを告げて、許しを請うための言い回し。

□こちらの手落ちでございます。どうぞ、お許しください

自分の責任ではなくても、家族や部下などの「身内」が他人に迷惑をかけたことを知ったら、謝罪しなければならない。ひたすら、お詫びするしかない状況で使えるのがこのフレーズ。

◉謝罪を受け入れるときの大人のひと言

□お気になさらないでください

謝罪を受け入れるフレーズ。先方が心から謝っていることがわかったときは、「もう大丈夫ですから」と応じるよりも、「あまりお気になさらないでください」と伝えた方が、先方の心中を察していることが伝わって、あなたの優しさがにじみ出る言葉になる。

□誰にでも過ちはありますから

単に「何とも思っていませんから」「もう気にしていませんから」と慰めるよりも、相

手を許す気持ちが伝わる言葉。「誰にでも過ちはありますから」と言って、相手の過ちを弁護しているので、相手の心中を察する優しい言葉といえる。

□今回は目をつぶりましょう

裏を返すと、「次は許さないよ」という意味の言葉。しかし、今回の過ちについては一切非難しておらず、温情の伝わる言葉でもある。ただし、「今回は我慢してやろう」という意味なので、使える相手は目下の人に限られる。

7

思い通りに「話」を誘導できる人のモノの言い方

こちらの「事情」を正しく伝えるには？……説明・反論する

◉事情を説明するための基本フレーズ

□思うようにいかないのが、実情でございます

進行状況が遅れていたり、作業が滞っているとき、「うまくいってません」と言っても監督責任を問われるだけ。「天候にめぐまれない」「原料の入荷が遅れている」など、さまざまな要因があることを伝えるには、「なかなか思うようにいかないのが実情」という遠まわしな言い方をしたほうが無難。

□鋭意、作業を進めております

「一生懸命にやってます」では、まるで子どもの作文。とにかく「がんばっている」こ

とを伝えるには、「鋭意、作業を進めております」というのが大人の言い回し。「鋭意」には「心をはげまして、つとめること」という意味がある。

□勝手ながら○○いたしました

緊急事態には、いちいち会議を開く余裕もなく、現場の責任者の判断でことを決めなければならないこともある。ただし、そうした判断を下したあとは「事後報告」が必要となる。その際の常套句が「勝手ながら、○○いたしました」というフレーズ。

□結論を先に申し上げますと

会議で大切なことのひとつに、時間を長引かせないということがある。そのためには、くどくどと話さず、場合によっては「結論を先に申し上げますと……」と最初に答えを言ってしまうこと。理由は、そのあとに述べればいいわけで、最初に結論を言ったほうが、出席者も理解しやすいはず。

□反対意見があるのも、もっともなことですが

反対意見に対して、憤然と反論するのは大人げない態度。反論するにしても、「反対意見があるのも、もっともなことですが」と前置きすれば、反対者の態度も多少はやわら

ぐかもしれない。

□他意はありません

自分の言葉は額面どおりであり、特別な意味はないことを伝える定番フレーズ。「私が申し上げましたことに他意はありません」といったように使う。ただし、「言い訳」用のフレーズなので、連発すると何を言っても疑われる事態を招きかねない。

◉相手を上手に誘導するためのひと言

□もっとよくするには

部下を指導するときに大切なのは、相手のプライドとやる気を損なわないこと。アドバイスをするときには、まずほめ言葉をかけ、一度、認めたうえで、指示なり注意を与えたい。上司としては大変だろうが、そういう時代だと諦めるしかない。

□方向性はこれでいいと思うよ

若い社員、とくに新入社員を頭ごなしに叱りつけては萎縮させるだけ。仕事の状況を報告させるなり、たしかめるなりしたうえで、少しでもほめるところをみつけることだ。

たとえば「方向性はこれでいいと思うよ」といったひと言でも効果はある。

□どういうケースが理想的かな

部下たちがミーティングをしていても、なかなか結論が出ないという場合、「振り出しに戻る」ことも必要と教えたい。たとえば「どういうケースが理想的かな」といったアドバイスで、目的が何か、改めて認識させることができる。

□困ったことがあったら、遠慮なさらずに連絡してください

人に協力する意思があることを伝えるフレーズ。「いつでも力になるよ」というほど、大げさではなく、相手に「いざというときに頼れる人物」といった印象を与えられる。

◉遠回しに「文句」を伝える大人の言い回し

□どうしたものかと苦慮している次第です

ただ「困っている」というよりも、かなりてこずっている様子をあらわす表現。たとえば、取引先とのトラブルなどを上司に報告するときに、「先方からご返事がいただけず、どうしたものかと苦慮している次第です」といったぐあいに使う。

□ご多忙のため、ご失念かと存じますが

「忘れていませんか」と相手に確認するにしても、言い方があるもの。相手との関係を損なわないためには、相手がとくに忙しい人ではなくとも、「ご多忙のため、ご失念かと存じますが、いかがでしょうか」という程度には、ていねいに尋ねたい。

□ご承知おきください

このフレーズは、「あらかじめ伝えておきますので、覚えておいてください」ということを大人風に表現したもの。「ご連絡いただけない場合は、お申し込みを無効とさせていただきますので、ご承知おきください」といったぐあいに、催促のニュアンスも含んでいる。

□私も腑に落ちないのですが

相手が納得していない場合に、自分も同様に納得できないと賛同の気持ちをあらわして、相手の気持ちを慮るフレーズ。「今回の人事異動は、私も腑に落ちないのですが……」といったぐあいに使う。

□どうしてそのようなことになったか不思議です

トラブルの原因が、どちらにもない場合、または双方にある場合、詮索しても意味がないことがある。大した問題でなければ、「どうしてそのようなことになったか不思議ですが、善後策を協議しましょう」とトラブルは水に流して、話を先に進めたほうがいい。

□その後の経過を危ぶんでおります

ただ「心配しております」では、緊迫感が伝わらない。「危ぶんでおります」という表現なら、相手に切迫していること、催促しているニュアンスを伝えられる。なお、「経過」という言葉には、「結果でなくてもいいから、途中経過だけでも知らせてほしい」というニュアンスが含まれ、他のフレーズにも折り込める。

□急な入り用ができまして……

お金を貸し借りする間柄となれば、それなりに親しい関係のはず。それだけに、返済の催促がしにくいこともあるかもしれない。そんなときには、「じつは、急な入り用ができたもので」と言えば、「こちらもお金が必要なんだ」ということを伝えられる。ちなみに、必要な理由・金額を説明することはない。

□急かすようで申し訳ないのですが

これは、何かを催促するときの定番フレーズ。実際は急かしているにしても、「急かすようで申し訳ないのですが、何卒よろしくお願いします」といえば、多少は表現をやわらげながら当方の意思を伝えることができる。

□ご留意願います

日常会話なら「気をつけてください」ですむことでも、ビジネス文書では、表現が軽すぎて使えないことがある。たとえば「以後、このようなことがないようにお気をつけください」と書くよりも「今後、ご留意願います」としたほうが、文章の格調を保て、大人っぽい表現になる。

□ご都合（ご事情）もおありと思いますが

貸し借りでは、催促される側に問題があるはずだが、だからといって強い言葉で催促して相手の感情を害し、開き直られてしまっても意味がない。そうした場合、「ご都合もおありと思いますが」というように、相手に対する配慮を示しながら、こちらの言い分を伝えるのが大人というもの。

□ちょっと気になるところがあるのですが

相手の申し出に対して、しばらく考える時間がほしいとき、「待ってください」と言うのは、大人の日本語とはいえない。「少々気になるところがあるので、お時間をいただけますか」くらいのことは言いたいところ。こういったうえで、疑問や不安があれば、その場で問いただしてもいいし、その部分についてのみ、結論を保留してもいい。

□こうすると、さらによくなると思うのですが

会議の席で、相手以上にいいアイデアが思いついたり、仕事の現場で何かいい方法を考えついたとしても、いきなり「私なら、こうします」といっては角がたつ。まず、相手の意見を十分に認めたうえで、「こうすると、さらによくなると思うのですが」としたほうが、周囲の反感を買う危険性は少なくなる。

□意図したものと、少し違ってきましたね

依頼して仕上がってきたものがイメージとかけ離れた場合でも、「まったく違います」などと言っては、相手のプライドを傷つけ、手直しを頼みにくくなる。そこで「意図したものとは少し違いますね」と、不満をやんわり伝えたうえで、具体的にどこをどう修正すればいいかを指示するといい。

□○○を直せば、もっとよくなると思う

繊細な人は昔からいたものだが、最近の若者はとりわけ傷つきやすく、ちょっとしたことで会社を辞めてしまう。欠点なり間違いを指摘するにしても、「○○を直せば、もっとよくなると思うよ」といったぐあいに、やんわり伝えるのがコツ。

◉怒らせずに反論する魔法の言葉

□お言葉を返すようですが

反論するときに感情的になると、話はどんどんこじれていく。冷静さを保つためにも、まず相手の言葉を落ち着いて受け止めることだ。相手の言い分をよく理解したうえで、「お言葉を返すようですが」とていねいに切り出し、相手の考え違いをただすといい。

□どんなものでしょう

相手の話に同意はできないにしても、真っ向から反論すると角がたつという場合には、「さあ、それは、どんなものでしょう」といった表現で、どうともとれる返事をしておくのが無難。いってみれば、玉虫色の発言だが、大人社会には、はっきり意見を言うよ

りも、いいかげんな返事をしておいたほうがベターというケースがあるものだ。

□大筋では、そうかもしれませんが

商談や会議の席で相手に反論する場合には、言葉を選びたい。たとえば、「大筋では、そのとおりかもしれませんが」と、相手の意見を〝大筋〟では認めてから反論するのも手。一応、その人のいわんとすることを認めているので、反論された相手もそう感情的にはならないはず。

□そのあたりは見解の分かれるところですね

このフレーズは「反対ですね」の婉曲表現。「違いますよ」と言うと、角がたちそうなときに使うといい。また、論点を明確にすることもできるので、会議でこのフレーズを使うと、お互いの見解の相違を明確にすることもできる。

□お言葉はごもっともでございますが……

相手がお客や大事な取引先の場合、相手の意見や言葉を即座に否定するわけにもいかない。まずは、相手に言いたいだけ言わせて、矛先がゆるんだところで、「お言葉はごもっともでございますが」と理解を示してから、「なにぶん……」と、こちらの事情や説明を始めるのが賢明な対応といえる。

□おっしゃることはよくわかりますが

とにかく、人に対して反論するとき、気をつけたいのは、相手の気持ちを踏みにじるような言動を控えること。その第一歩として、真っ向からの反論は避けて、ひとまず相手の意見を認めることだ。たとえば、「なるほど、あなたのおっしゃることはわかります。しかし、私としては……」といったぐあいに話を展開すればいい。

□ぼくもあなたの立場なら、そういうと思うんです

これも、反論するための前置き。相手の苦しい立場を察していることを示したうえで、「しかし〜」と続ければいい。この言葉には、「あなた側の事情は十分に知っていますよ」という前提に立っているので、うまく使えば、相手の弁解を封じることもできる。

□ごもっともですが、こんな見方もあるのではないでしょうか

会議でも商談でも、反論するときのコツは、相手の立場を慮ること。とにかく相手の顔をつぶさないというのが、大人らしい方法だ。たとえば、相手の主張に対して、こちらの提案を示したいときには、「ごもっともですが、こんな見方もあるのではないでしょ

うか」と謙虚に代案を提示するといい。

□そういうお考えもあるんですね

反論するとき、スパッと一刀両断にすると、相手の反感を買うことになる。相手を認めつつ、自分の考えを主張してこそ大人と言える。たとえば、相手の意見に対して反対のときは、「なるほど、そういうお考えもあるんですね」と、いったんは理解を示してから自分の考えを述べても、少しも遅くはない。

□二、三、質問してもよろしいでしょうか

立場が五分五分の相手であれば反論できても、相手が上司となると、さすがに反論しにくいもの。そんなときには、反論を質問の形に変えるのが、大人のテクニック。たとえば、指摘されたことについて「なるほど、わかりました」といったん承知したうえで、「二、三、質問させていただいてよろしいでしょうか」と切り出せばいい。

□そこが大事なポイントだと思います

相手の言っていることに異議を唱えたり、反論する場合、「そこが大事なポイントだと思います」と切り出して、いったん話を止めるのも、有効なテクニック。見解の違いが

ある場合、最初に確認しておかないと、あとになって大きな食い違いとなりかねない。

□なるほど、お話はよくわかりました

目上の人から意見を言われた場合、そうではないと思っても、即座に「しかし……」と反論するのは得策ではない。最終的には反論するにしても、まず相手の話を最後まで聞き「なるほど、お話はよくわかりました」といったんは受け止める。そのうえで、自分の考えや意見を述べるのが筋というものだ。

□落ち着いて考えてみましょう

これは、平たく言えば「頭を冷やせ」という意味。相手が熱くなっていると感じたら、「ここはひとつ、落ち着いて考えてみましょう」と提案してみることだ。自分も落ち着いて考えてみたいという態度で接すると、お互いに冷静になれるはず。

◉相手のイヤミをさりげなくかわすには?

□そのような見方もあるんですね。参考にします

イヤミや皮肉を言われたとき、いきなり怒ったりせず、柳に風と受け流すのも大人とい

うもの。相手の言葉を「なるほど、そのような見方もあるのですね」とサラリとかわせるようになれば一人前だ。

□それはそれで心に留めておきたいと思います

国会中継を見ていると、ベテラン議員ともなると、浴びせられた野次をうまく切り返すものだが、ビジネスマンも皮肉に対して、うまく対処したいものだ。皮肉を言われたとき、ムキになって言い返すのも無視するのも大人げない態度。「それはそれで心に留めておきたいと思います」くらいのことは言いたいところ。

□正直な、裏のないお言葉を頂戴しました

これは、平たく言えば「それはイヤミですか？」という意味。会議の席などで、イヤミを言われたときには、こう応じて「ありがとうございます」と頭でも下げて、サラリと受け流したいもの。

“場の空気”が読める人のとっておきのひと言……弁解する

◉イヤな印象を与えない上手な「エクスキューズ」

□柄にもないことを申しました

「ちょっと偉そうなことを言ってしまったな……」あるいは「話が硬すぎたかな」と思ったら、「柄にもないことを申しました」と一言添えるといい。それだけで、その場の空気はぐんとなごむはず。

□私事で恐縮ですが

学生や若者ならば、「プライベートの話なんですけど……」で許されるだろうが、大人となるとそうはいかない。「私事で恐縮ですが」というのが、自分のプライベートをめぐる話を切り出すときの常套句。

□失礼かとは思いましたが

ときとして、人を助けることが、おせっかいになったり、相手を傷つける場合もある。とくに、それほど親しくない相手や目上の人に対しては、たとえ、よかれと思って相手を助ける行為であっても、「失礼かとは思いましたが」とか「出すぎたまねとは存じますが」といったひと言を添えたほうがいい。

□素人の立場でいわせていただくと

「岡目八目」という言葉は、碁を打っている当人よりも、まわりのほうがよく手が見えることを言ったもの。会議の席でも、議論に熱中している当人よりも、冷静にみている素人のほうが全体像を把握していることがあるものだ。ただし、ものは言いよう。「素人の立場で言わせていただくと」と謙虚に切り出せば、当事者の反感を買うことはないはずだ。

□自慢話になるかもしれませんが

何かいいことがあって、人に話したいときは、あらかじめ「ちょっと自慢話になっちゃうかもしれないけれど、うちの子がね……」と、最初から「自慢話」と宣言するのも手。相手も「ま、いいか」としばらくは聞いてくれるはずだ。ただし、話は短めにしないと、所詮は自慢話なので、「わかった。もう、いいよ」と思われかねない。

□催促がましいことを言いまして

約束の日にちをすぎているのに、連絡や返事をもらえない場合でも、「まだですか?」などとぞんざいに催促すると、まとまる話もまとまらなくなる。「お忙しいところ、催促がましいことを申しましてすみませんが」くらいの前置きをしてから、懸案となっている話を持ち出してこそ、大人というもの。

□たいへん申し上げにくいのですが

ものごとはハッキリいえば伝わるものとはかぎらない。とくに、何かトラブルが発生しているとき、直接的な言葉を使うと、大ゲンカになりかねない。「たいへん申し上げにくいのですが……」と謙虚に切り出したほうが、結果は良好ということが多いだろう。

□僭越ながら

この言葉は、「諸先輩をさしおき」「ほかにふさわしい方がいらっしゃいますが」といったニュアンスを含む言葉。たとえば、パーティなどで、「僭越ながら、ご指名でございますので、乾杯の音頭をとらせていただきます」といったように使う。

□私の記憶違いかもしれませんが

相手の勘違いや間違いを指摘するとき、いきなり「それは違います」といっては身もふたもない。ひとまず「私の記憶違いかもしれませんが」と伏線を張ってから、「○○ではありませんでしたでしょうか」といったぐあいに、ていねいに話したい。

□間違っていたらごめんなさい

この言葉は、本当に間違っていることや、自分の記憶があやふやなときに使う言葉ではなく、相手の間違いをやんわりと指摘するときの常套句。相手の気持ちを傷つけたり、機嫌を損ねたりしないための〝基本用語〟といえる。

□その点に関しては不勉強なものですから

会議の席で、知らないことについて「君はどう思うかね？」などと聞かれると、しどろもどろになりがち。だが、いい大人が「わかりません」では、いささかみっともない。そうした場合、「申し訳ないのですが、その点に関しましては不勉強なものですから」

と答えれば、多少は救われるはずだ。

□寡聞にして存じませんので

「〜をご存じですか」と聞かれて、「知りません」と答えるのは、いささか子どもっぽい日本語。大人なら、「お恥ずかしいのですが、寡聞にして存じません」くらいのフレーズを心得ておきたいものだ。

□よけいなことかもしれませんが

トラブルやもめごとをとりなす言葉は難しい。まずは、「私が口出しするのも、よけいなことかもしれませんが……」といった言葉で切り出したいもの。よほどのことでないかぎり、「たしかに、よけいだ」と言われることはないはずだ。ただし、タイミングをはからないと、本当に「よけいだ」と言われかねないので要注意。

□出過ぎたまねをするようですが

ひとつ間違うと「生意気だ」「じゃまだ」と言われかねないときでも、自分なりに力になりたいと思ったら、「出過ぎたまねをするようですが、何かお役に立てないかと」と切り出したい。たとえ役に立てなくても、相手を思う気持ちは伝えられるはず。

□憶測でものを申すわけにはまいりませんから

会議や商談で質問されたとき、「わかりません」といっては、ビジネスマン失格。うまくごまかすのも、会話のテクニックのひとつだ。たとえば「その件につきまして、憶測でものを申すわけにはまいりませんから、調査をしたうえで、あらためてご返事申しあげます」といったぐあいに答えて、その場をしのぎたいもの。

□ご承知のとおり

このフレーズは、わかりきっていることを、あえていう場合にも使うが、相手に対して「もちろん、ご存じですよね」といった意味でも使える。いってみれば、「皆さんが知っているという前提で話を進めます」という前置き。さらに言えば「知らない人は口出ししないでください」というプレッシャーにもなる。

□なにとぞ事情をご賢察のうえ

平たくいえば、「理由や原因について、はっきりとは言いませんが（あるいは、言えませんが）、わかってください」といったところ。相手からの依頼を文書で断わるときに使うことが多い。「なにとぞ事情をご賢察のうえ、ご理解いただきたく、よろしくお願い申し上げます」などと使う。

□ご迷惑をおかけするのは心苦しいのですが

こちらの都合で、商談や待ち合わせの場所や時間を変更してもらうような場合、あるいは、ちょっとしたお願いごとをする場合などに広く使えるフレーズ。わかりやすく言えば、「お手数ですが」程度の意味。

□ご説明が不十分だったこともあるかと存じますので

相手の理解が十分に得られていなかったり、誤解されていそうなときに使うフレーズ。その原因が相手にあっても、こちら側に非があるように振る舞うのがコツ。「ご説明が不十分だったこともあるかと存じますので、ご多忙のなか、恐れ入りますが、改めてお話をさせていただけませんか」といったように使う。

□はなはだ未熟ではございますが

思いがけず重要な仕事をまかされたり、要職を与えられたときには、「はなはだ未熟ではございますが、全力を尽くし、ご期待に添いたいと存じます」と謙虚に応じるのが、大人の振る舞いというもの。ベテランが使ったときほど、慇懃に聞こえるものだ。

プロが教える会話の鉄則④

「ほめる」「断る」

□ほめるには、「が」よりも「も」

たとえば、「キミは目がきれいだね」とほめるよりも、「キミは目もきれいだね」とほめたほうが、相手は目以外もほめられたような気になり、うれしく思ってくれるだろう。ほめるときは、「が」や「は」よりも、「も」のほうが効果的なのだ。

□写真を見て「よく撮れてますね」は禁物

相手の写真を見せられたとき、「よく撮れていますね」というのは禁物。実物よりよく写っているという意味に受け取られかねないからだ。「実物どおりに、うまく撮れてますね」と言うこと。

□お世辞は、真顔ではっきり言う

お世辞は照れずに堂々と言うほど、お世辞ではないように聞こえる。相手が謙遜しても、「そんなことないですよ」とお世辞を貫きとおすこと。

□まず「ありがとう」と言ってから断る

人から誘われたときは、断るときでも、まず「ありがとう」と応じるのが大人の礼儀。誘ってくれたことに感謝の気持ちを表して、相手への好意を伝えたい。

□聞いてすぐに断らない

相手が何かを頼んできたとき、即座に「無理」と言うと、相手は気を悪くする。断るときには、少々間をとり、考えた姿勢をみせてから、断ったほうがいい。

8

そういう「モノの言い方」はマズいでしょ!?

大人が使うのは避けたい言葉

◉使ってはいけない幼稚な日本語

×見れる、食べれる

いまや若者の多くが、「見れる、食べれる」という「ら抜き言葉」で話す時代。まるで「ら抜き言葉」が認知されたかのようだが、まだまだ「幼児語」と思っている大人も少なくない。人前で話すときには「見られます」「食べられます」という言い方をするように心がけたい。

×わかりません

ビジネスの現場では、いかにも頼りなげに聞こえる言葉。知らないことを聞かれたときには、「存じません」と答えるのが大人の言葉づかい。また、一人前の社会人なら、「私は存じませんが、係の者ならわかると思います」「こちらではわかりかねますので、○○へお問い合わせください」などと、質問者に解決の糸口を与えるものだ。

×超○○

これも、認知されたようでいて、まだまだ「幼児語」と思われる言葉。最近は大人でも「超○○」を使う人が増えているが、さすがに改まった場所では使えない。就職活動の面接でも「超明るいのが取り柄でーす」なんて言ったら、すべては台無しになる。

×○○みたく

まだまだ「学生気分が抜けない」と思われる言葉の代表格。「課長みたいになりたい」と言っても、幼い印象を与えるのに、まして「課長みたく」と言っては「大学のサークルじゃないぞ」と思われるだけ。あえて口にするなら「課長のように」である。

×なにげに

大人には通じない若者言葉。いまどきの若者がよく使う「なにげに」が、「なにげなく」という形容詞を語源とする〝若者言葉〟であることなど、普通の大人は知らない。国語辞典にも、「なにげは誤用」とはっきり書かれている。

×もしもし

会社にかかってきた電話は、プライベートの電話とは違う。無駄を省き、効率よく進めるため、「もしもし」は省略するのがビジネス社会の常識。受話器を取ったら、「はい、○○商事でございます」と社名を名乗るだけでいい。

×お世話さまです

感謝の気持ちを伝えるのに便利な言葉だが、言葉が足りないため、軽くあしらわれたと受け取る人もいる。同輩や後輩をねぎらうにはいいかもしれないが、目上の人に使うと失礼になりかねない。「お世話さまでございます」というのが、正しい日本語。

×こんにちは

芸能界では、朝でも夜でも「おはようございます」とあいさつする。その理由の一つは、「こんにちは」という言葉を目上の人に使うと、失礼な印象を与えることがあるから。そもそも「こんにちは」は「今日はいいお日和ですね」の省略形。昼間、目上の人にあいさつするときは、きちんと礼をして「お世話になっております」と言ったほうがいい。

×課長さん

「君は、クラブのママか」と皮肉られても、仕方のない言葉。社内で「課長さん」「部長さん」と呼びかけるのは、おかしな表現である。役職名はそれ自体が敬称なので、「さん」をつけると二重敬称になるからだ。単に「次長」「課長」「部長」と呼んで、失礼にはならない。

×一応

聞き苦しい前置き言葉の代表。「一応、担当させていただいた製品です」「一応、ご連絡を入れておきました」などと言う人は、「一応」が口癖になっていることに気づいてないのだろう。しかし、聞かされる方は、かなりうっとうしく思っているもの。「一応、がんばってみます」などという人物に、仕事をまかせる気にはなれないものだ。

×やっぱり

これも、聞き苦しい前置き言葉の代表。「やっぱり、電車で行く方がいいと思います」「やっぱり、3時にしましょうか」などと、やたら「やっぱり」を連発する人がいる。「やっぱり」の本来の意味は「思った通り」だが、単につなぎの言葉として使うのが癖になっている人もいる。用法を間違っているうえに、聞き苦しく感じさせる使い方だ。

×○○とか

正しく使わなければうっとうしい言葉の代表。本来は、「好きな果物はブドウとか桃とか梨とか」というように、不確かなものを二つ以上並べて呈示するときに使う助詞。ところが、最近は「テレビとか見てたら、岡田監督とか出てきて優勝するとか言ってんの」と、意味もなく連発する人が増えている。無意味かつ聞き苦しい言葉だ。

×けど

これも、連発されると、かなりうっとうしい言葉。「昨日、取引先から電話があったんですけど、かかってきたとき、私は席をはずしてたんですけど、△△さんが代わりに出てくれて、無理っていう話だったみたいですけど」というように、連発すると、いつまで話が続くかわからないうえ、何を言いたいのかも不明になってしまう。

×だって　×どうせ

オフィスでも「だって、私は知らなかったんです」「だって、向こうが納期に遅れたんです」と言い訳をする若者がいる。そんなとき、大人は「甘えるのは、親か恋人だけにしてくれ」と呆れているもの。「だって」と「どうせ」は、大人社会では禁句である。

×やります

「やる」は「殺る」やセックスを連想させ、大人としての品性を疑われても仕方ない言葉。言葉の品格を保つには、「やる」の代わりに「する」を用い、「私がします」「私がいたします」としたい。

×どっちでもいいです

たとえば、「和食と洋食では、どちらがいいか」と聞かれて「どっちでもいいです」では子どもの返事にしか聞こえない。どちらがいいかはっきりさせるか、本当にどちらでもよければ、「おまかせします」と答えればいい。

◉いくらなんでもヘンな「敬語」

×と申しますと

相手の話に対して、「と申しますと」と受ける人は意外に多い。しかし、この場合、「申します」の主語は相手なので、相手をへりくだらせた失礼な表現になってしまう。正しくは、「言う」の尊敬語を用いる「とおっしゃいますと」。

×おわかりになりましたか？

とりあえず敬語の形をしているが、相当に傲慢な日本語。普通にいえば「わかりますか？」であり、相手を子どもか生徒のように見下した言い方だ。「私の説明で理解してもらえたのだろうか」と謙虚に思うのなら、「おわかりいただけましたでしょうか」「ご理解いただけましたでしょうか」と尋ねるのが、大人の日本語というもの。

×けっこうですか

「こちらの商品でけっこうですか？」「お下げしても、けっこうですか？」などと使われているが、「けっこうですか？」はヘンな丁寧語の代表格。「けっこう」は本来、「けっこうですね」などと話し手が評価を表す言葉で、謙譲語に近いニュアンスがある。相手の気持ちを聞くときには、「よろしいですか」の方がよろしい。

×ご拝聴ありがとうございました

最後にこう言えば、それまでどんなにいい話をしていても、台無しになる。「拝聴」はありがたい話を聞くという謙譲語なので、これでは「私のありがたい話を聞いてくれた者たちよ、ありがとう」という意味となり、「あんたは王様か」と突っ込まれても仕方ない。話を聞いてもらったことを感謝するには、「ご清聴ありがとうございました」といったフレーズを使いたい。

×厚くお詫びいたします

これは、うっかり間違いやすい言葉。「厚く」

とくれば、「御礼申し上げます」が慣用表現。心よりお詫びしたいときには、「深くお詫びします」が正しい日本語だ。

×おやりになる

これは、品性を疑われかねない表現。「ゴルフをおやりになりますか?」などと、いくら「お」をつけても、そもそも「やる」という言葉が品を欠く。とりわけ目上の人の行為に対して、「やる」という言葉は避けたい。「ゴルフをなさいますか?」「晩酌はされますか」と聞くのが、正しい敬語。

×ちょっと聞きたいことがあるんですが

これは、自分勝手な人という印象を与える聞き方。実際、日頃、いばっているオジサンほど、「ちょっと聞きたいことがあるんですが」と人に声をかけるもの。相手の立場を尊重すれば、まず何について質問したいか、はっきりさせることが必要のはず。たとえば、「○○の件で、お尋ねしたいことがあるのですが」と声をかけたいものだ。

×○○は上手ですね

これも、相手をムッとさせかねない表現。たとえば、「歌は上手ですね」と言えば、本人はほめたつもりでも、相手は「じゃあ、歌以外は下手だと言いたいわけ?」と思うかもしれない。「歌もお上手ですね」と言えば、相手は気持ちよくほめ言葉を受け止めることができる。

◉訪問・接客のときのダメな言葉

×あのー、○○ですけど

社会人としての常識を疑われるタブー語。訪問先で「あのー、○○ですけど」とあいさつしては、アルバイトのお使いかと思われる。

姿勢を正し、「失礼いたします。私、△△社の○○と申します」と告げるのが、社会人としての基本中の基本マナー。

×すいませんが、○○さんを呼んでもらえますか?

社会人としては、口に出すのも恥ずかしいフレーズ。受付嬢からクスッと笑われても仕方ない。「すいません」は「恐れ入りますが」に、「呼んでもらえますか」は「お呼びいただけますか」に言い換えること。

×どういうご用件でしょうか?

言葉の使い方としては、これで正しい。しかし、シチュエーションが問題で、訪問客に対して、いきなり「どういうご用件でしょうか?」と尋ねると、いかにも不審尋問のよう。「よろしければ、ご用件を承ります」と言えば、ずっと柔らかな対応になる。

×うちの誰にご用ですか?

これも、社会人としては、笑われても仕方のないフレーズ。そもそも、会社や組織を「うち」と呼ぶのは、内部者どうしではよくても、外部の人には違和感を覚えさせるものである。また、「ご用ですか?」も幼稚な印象を与える表現。「私ども(当社)のどちらにご用でいらっしゃいますか?」というのが、接客用語の基本。

×お名刺のほう、よろしいですか

若者の勘違い言葉の代表格。「ほう」をつけると丁寧になると錯覚している若者が少なくないが、「お名刺のほう、よろしいですか」と言っても、年配者には困惑されるだけ。「××のほう」は、「東の方」というように、向きや方角を示すときに使うもの。相手の名刺がほしければ、「お名刺をお預かりしてもよろしいでしょうか」と言うのが基本。

×こちらコーヒーになります

これも、若者の勘違い言葉の代表。大人からは「バイト敬語」と一笑にふされる。本来、「〇〇になります」は経過を表す言葉であって、敬語とは関係ない。コーヒーを出すときは、普通に「コーヒーでございます」と言えばいい。

◉冠婚葬祭には不似合いな日本語

×このたびは、とんでもないことになって

知人の急死に驚いても、この言葉は禁句。弔問の場で「とんでもない」という言葉は不似合いかつ無神経すぎる。

×御仏前にお供えください（通夜、告別式で）

通夜、告別式の時点では、故人はまだ仏様にはなっていないので、「御仏前」を使うのは早すぎる。故人が仏様になるのは、初七日が過ぎてから。それまでは、「御仏前」の代わりに「御霊前」としておくのが無難な表現だ。

×天寿をまっとうされ

「天寿」という言葉は、遺族が使う分には問題ないが、弔問する側が使うと失礼な言葉になる。遺族は、身内でない人から「天寿をまっとうされ」と言われると、カチンとくるものだ。「ご長命でしたが、残念なことでございます」というのが、大人の日本語。

×お歳に不足はなく

高齢者が亡くなったときでも、「お歳に不足はなく」という言葉はあまりに失礼。もっと長生きして欲しかったと思うのが、遺族の心情だ。同じ理由で、「大往生」という言葉も、遺族が使う分には問題ないが、弔問客が使うのは適当ではない。

×ご冥福をお祈りします（クリスチャンに）

葬儀では「ご冥福をお祈りします」と言うのが一つの決まり文句。ただし、「冥福」は仏教用語なので、故人がキリスト教徒の場合には使えない。キリスト教の葬儀では、「冥福」という言葉を避け、単に「心からお悔やみ申し上げます」と言えばいい。

×末席ながら、祝辞を述べさせていただきます

結婚式の披露宴で、スピーチするとき、「末席ながら、祝辞を述べさせていただきます」と前置きするのは嫌味なもの。「末席ながら」は謙譲の気持ちを表す言葉ではあるが、披露宴の場合、席順を決めるのは新郎新婦とその両家。「末席ながら」と言うと、自分がよくない席に座らされたと新郎新婦に嫌味を言っているようにも聞こえかねない。

×重ねてお祝い申し上げます

結婚披露宴のスピーチでは、「重ねて」「重ね重ね」という言葉は禁句である。「重ねて」と言うと、新郎新婦が離婚し、もう一度結婚式を挙げることを連想させるからだ。同様の理由から、「返す返す」「またまた」「たびたび」「再び」などといった言葉も忌み言葉とされている。

×これ、ご祝儀でございます

大人としての常識を疑われる、恥ずかしいフレーズ。結婚披露宴などの受付でご祝儀を渡すとき、「これ、ご祝儀でございます」と言うのは、魚屋でタイを指差し、「これ、タイでございます」と言うようなもの。ただ「本日は、まことにおめでとうございます」とだけ言って、祝儀袋を差し出せばよい。

人間関係で失敗する言葉

◉相手をカチンとさせる日本語

×老いてますますお盛んですね

この言葉は、そもそも中国『後漢書』の「老いてますます壮《さか》んなるべし」に由来し、若者に負けないほど元気な老人のことをいう。しかし、最近の年配者には「自分が高齢者」という自覚のない人が多いし、「お盛んですね」には女好きを皮肉るニュアンスも含まれる。口にしない方が無難な故事成句の代表格だ。

×若返りましたね

これも、ほめたつもりが、相手をカチンとさせる言葉。「若返りましたね」と言うと、相手は「じゃあ、以前は老けてたと言いたいわけ?」と受け止めるかもしれない。そもそも、たいていの人は、実年齢よりも若いつもりでいるもの。よほど親しくなければ、外見の変化には触れない方が無難だ。

×誰かいい人いないの?

男女を問わず、三〇歳以上の未婚者をカチンとさせる言葉。三〇歳をこえれば、内心結婚を焦っている人もいれば、過去の失恋や離婚が心の傷になっている人もいる。よほど親しくなければ、三〇歳以上の未婚者に結婚の話題はタブーと考えたい。また、若い人に対しても、「誰かいい人いないの?」といった質問は、そもそも失礼だ。

×彼女

女性に向かって「彼女」と呼びかける人がい

る。「彼女、これどう思う?」「彼女、これを片付けてくれる?」などと使うのだが、本来、「彼女」は第三者に対して使う言葉。その女性を個人として尊重していれば、とても口にできる言葉ではない。口にする人は何気なく使っているのかもしれないが、相手をカチンとさせていることもあるはずなので要注意。

×参考になりました

この言葉、口にした人は感謝のつもりで述べたのかもしれない。しかし、「参考」とはあくまで手がかりや助けのことであり、言われた方は「おれの話、参考程度にしかならなかったのか」と気分を害することもある。〝参考になったな〟と思ったときには、「大変勉強になりました」と答えるのが大人の日本語というもの。

×何とかなりませんか

相手の立場を考えない横柄な言葉。たとえば、商店やデパートなどで、「何とかなりませんか」と迫っている人がいるが、店員からすれば「何とかなるなら、すでにしているよ」という気持ちだろう。立場上、反論できないだけである。外国の商店なら、「NO」の一言ですまされておしまいだろう。

×そこを何とか

「そこを何とか」と言う本人は、自分は粘り強く交渉していると思っているのかもしれない。しかし、これは、自分の方はアイデアを提示することなく、相手に一層の譲歩を強要する自分勝手な言葉でしかない。本当に粘り強い交渉がしたければ、「○○を△△にするわけにはいきませんか」など、具体的なプランを提案することだ。

×じゃないですか

これは、大人には評判の悪い若者言葉の代表格。「休日は、家でのんびりしたいじゃないですか」と言われても、大人は「あなたのことはわからないよ」「いろんなタイプがいるだろう」と思うもの。自分のことを一般化すれば、嫌味な言葉になるだけだ。「次の休日は、家でのんびりしたいと思います」と言えばいい。

×常識だよ

最近は、たしかに「そんなの常識だよ」と怒りたいことが多いもの。でも、そう言えば気分はスッキリするかもしれないが、相手は「非常識な奴」と言われたように感じ、カチンとくる。非常識な人に対してついつい言いたくなっても、グッとこらえたい言葉である。

×みんな、そう言っていたわよ

人格を疑われても仕方がない卑劣なフレーズ。「みんな言っているわよ」と相手を非難して、仲間はずれにし、精神的に追い込んでいく。その一方で、自分の言葉を「みんなの言葉」にすり替え、責任逃れをしようとしている。こんなフレーズを使っていると、周りの人から相手にされなくなるだけである。

×だから言ったじゃないか

「自分はつねに正しい」と思い込んでいる人が使いがちな言葉。「オレの言うとおりにしないから失敗したんだ」「オレのアドバイスを無視したから失敗したんだ」という気持ちの現れとして発せられる。そのくせ、自分の忠告にしたがって失敗した人に対しては、知らん顔をすることが多い。包容力のある人は、口にしない言葉だ。

×……してやったじゃないか

支配欲の強い人が発しがちなフレーズ。「してやった」という言葉には、上位の人間が下位の人間のために何かしたという気持ちが含まれている。別れ話を切り出した女性に「○○をプレゼントしてやったのに」となじる男性は、この典型だ。相手の女性は、その自分勝手な支配欲にこそ怒っているケースが多いものだ。

×ご意見のある方はどうぞ

会議の出席者に対して、じつに不親切なひと言。会議の司会者が「ご意見のある方はどうぞ」とだけしか言わなければ、出席者は何をどう話していいのかわからない。意見を出してほしいなら、まずテーマをしぼり、出席者が話しやすい雰囲気を作る必要がある。このフレーズを口にするのは、その後である。

×ぜひ

「ぜひ」の語源は「是が非でも」で、強い願望を表す。使う相手や使い方によっては、押しつけがましく、相手を追い込むことになる。「さしつかえなければ」「ご都合よろしければ」などと言い換え、相手に選択の余地を残す方がスマートだ。

×そう言われましても

交渉下手な人が、思わず言い返してしまう不用意な言葉。相手の要望がいくら難しいものでも、頭から否定すれば、相手もカチンとくる。反論があっても、まずは「おっしゃることはよくわかります」「ごもっともなお話です」と相手の言い分を認め、じっくり反論するのが、交渉を上手く進めるコツ。

×何ですか？

人に呼ばれたときの返答としては、いかにも幼稚な言葉。上司に呼ばれたとき、こんな応じ方をすれば、頼りなくてとても仕事もまかせられないと思われても仕方がない。「お呼びでしょうか」と答えるのが基本マナー。

×お断りします

ビジネスでは、避けたい言葉の代表格。相手がどんな無茶を言ってきても、「お断りします」とストレートに言い切るのはタブーだ。相手は、一方的に拒絶されたように感じ、先に自分が無茶を言ったことさえ忘れて、ムッとするものだ。同じ断るにしても、「今回は見合わさせていただきます」と言えば、相手の気分を害さない。

×できません

これも、ビジネスでは避けたい言葉。人の要求に「できません」という答えなら、小学生でも口にできる。プロのビジネスマンなら、できないときは、「誠に申し訳ありません」という態度で、「いたしかねます」と答えるのが基本である。

×お急ぎください

遅れた人に言ってはいけない失礼な言葉。時間厳守は社会マナーの基本とはいえ、遅刻にはさまざまな事情があるし、たいていの人は悪いと思っているものだ。そこへ「お急ぎください」と追い討ちをかけては、相手の立場がなくなってしまう。「どうぞ、こちらへ」などと、普段と変わらない態度で接するのが、大人の対応。

×あっ、そう

話し手の気分を萎えさせる最低のあいづち。一生懸命話しているのに、あいづちが「あっ、そう」だけだったら、相手は「えっ!? 反応はそれだけ」と肩透かしを食ったような気分になるだろう。人の話をしっかり聞くのは、大人のコミュニケーションの基本。あいづち一つも、「そうなんですか」などと心からうるんじゃないか」とアドバイスする方が、よちたいもの。ほど素直な態度を引き出せるだろう。

◉若い人に嫌われるフレーズ

×昔からやってきたから

若い人がカチンときやすい中高年の言葉。意欲ある若者からは、「それが時代遅れだから、変えようといっているのに」と反発を買うのは必至。上司たる者、こんな言葉を使わずに、部下の提案のどこに問題があるのか、具体的に指摘したいもの。

×そんなことして何になる

「何様のつもり」と相手を怒らせる言葉。相手もいろいろ考えて行動しているのに、頭から否定すれば、相手の存在自体を否定することにつながる。相手の発想や考え方を尊重したうえで、「それなら、もっと他に方法がある

×まあ、こんなものかな

相手を腐らせる不親切なフレーズ。部下などが精一杯取り組んだ成果を「この程度なのか」と言うに等しい。気落ちする人もいれば、自分の能力が認められないと反発する人もいるだろう。いずれにせよ、意欲を失わせるため、部下や子どもに対しては禁句である。よいなら「よい」、問題があるのなら、それをきちんと指摘することだ。

×君が言いたいのは、こういうことかな

相手に気を遣ったつもりが、逆にムカッとさせる言葉。誰でも、説明や意見がしどろもどろになれば、しまったと思う。そんなとき、「君が言いたいのは、こういうことかな」と上から物を言われると、気分のいいものではな

い。助け船を出すつもりなら、形の上では自分側の問題として、「こういう理解でいいのかな」と尋ねる方が親切だ。

×これならできる?

完全に相手をバカにした言葉の典型。「この程度ならできるでしょう」とか、「あなたの能力では、この程度ね」と言っているのと同じこと。本当にその程度しかできないと思っても、相手の気持ちを尊重して、「これをお願いね」と頼むことだ。

×何でもいいから

相手のことを考えない無責任な言葉。たとえば、「お弁当を買ってきて」と頼んだとき、種類を問われると「何でもいいから」と答える人がいる。しかし、そんな頼まれ方をすると、買いにいく人はどれを選ぶか迷うことになるものだ。相手のことを考えれば、弁当一つでも、頼みごとは具体的にするのが大人の態度。

×キミに言っても始まらないが

まったく意味のない前置き。キミに言っても始まらないのなら、最初から言わない方がいい。相手だって「じゃあ、言うなよ」と思うはずで、それでも立場上、聞くしかない相手は、内心相当イライラしているはずなので注意のほど。

◉なんだかイヤな感じの「前置き」

×ここだけの話にしておいてほしいのですが

自分の軽薄さを露《あらわ》にする恥ずかしい前置き。本人は「あなただけ特別だからね」と言いたいのかもしれないが、たいていの人は「そうやって、誰にでも他人の秘密をペラペラしゃべっているんだろう」と感じるものだ。

×言い訳するわけではないんですが

精神的な子どもっぽさを表す前置き。「言い訳じゃない」と言いながら、クドクド事情を説明する人は、自分が大人になっていないことを告白しているようなもの。大人なら、むしろ「言い訳をさせていただくと」と前置きして、事情を説明するものだ。

×私の独断と偏見ですが

不必要な前置きの代表格。本人は「批判もあるかもしれませんが、まあ聞いてください」という気持ちだろうが、「私の独断と偏見」と言った時点で、周りの人は「なんだ、あんたの感想か」「あんたの勝手な意見など聞きたくない」と思うもの。単刀直入に「私の意見は〜」と話す方が、よほど熱心に耳を傾けてくれるだろう。

×聞き流してもらっていいんだけど

そもそも、聞き流していいような話なら、そもそも人に伝えることはない。たとえ、親切心からのアドバイスでも、こんな前置きをすれば、相手が真剣に聞いてくれるはずもなく、お互い時間の無駄になってしまう。

×自慢するわけではないんですが

「ホントは自慢したいんだけどね」という本音がミエミエの前置き。自慢話はみっともないが、「自慢話じゃないよ」と前置きするのは、もっとみっともない。「自慢話なんだけど、聞いてくれる?」と前置きした方が、むしろよい。

×悪い話ではないと思いますが

かえって怪しまれる前置き。いまや〝うまい話〟にホイホイ乗ると、とんでもない大損をしかねない時代。そんなご時勢に、「悪い話ではないと思いますが」と言われれば、たいていの人は「詐欺か」と思うだろう。人の疑いを招くだけで一利もない前置きである。

×おもしろい話がありまして

自ら、笑いのセンスがないことを露にする前置き。お笑いのセンスのない人ほど、おもしろい話をしようとすると、まず自分が笑ってしまうもの。「おもしろい話がありまして」というのは、先に自分が笑うのと同じ。その時点で相手も期待するので、たとえおもしろい話であったとしても、おもしろさが半減してしまうのだ。

×ケンカを売るわけじゃないけれども

心の内が透けてみえる前置き。「ケンカを売るわけじゃないけれども」と前置きする人に限って、その後の話はケンカ腰。こう前置きした時点で、すでに相当カッカしているものである。本気でケンカを売りたければ、ストレートに売った方がいい。

×ご存じないかもしれませんが

これは、相手の無知を前提にした相当失礼な前置き。相手の専門外、知らなさそうな話題をふるときでも使わないほうがいい。話題を変えるときは、「ご存じのこととは思いますが」「ご承知のことと思いますが」というのが定番フレーズ。あるいは「ご興味ないかもしれませんが」でもいい。

×本当は、こんなことを言いたくないんですが

〝本当は言いたくないのに、あえて言う〟ということは、「こんなことを言わせるのは、あんたが悪いんですよ」と、相手を責めていることになる。相手を不快にさせるのは当然で、そのあとにアドバイスの言葉を続けても、相手は聞く耳をもってくれないだろう。アドバイスのつもりなら、もっとストレートに言ったほうがいい。

9

そんな「言い換え」ができたのか！

すぐに使えるうまい「言い換え」

◉傷つけないための「言い換え」

×地味な→○素朴な、シンプルな

世の中には派手な人もいれば、地味な人もいる。「地味」という言葉はマイナスイメージを含んでいるため、カチンとくる人もいる。そこで言葉を換えて、「素朴な」「シンプルな」「渋い」「玄人好みの」などと表現すれば、「この人は、私の好みをわかっている」と親しみを感じてもらえるはずだ。

×仕事が遅い→○こつこつと丁寧

仕事が遅いうえに、中身がズサンならフォローのしようもないが、きちんとこなしているのであれば、「仕事が遅い」と表現するのは一方的に過ぎるだろう。そういうタイプには、仕事の遅さには目をつぶり、「こつこつと丁寧にやっているね」とほめれば、ますますこつこつとがんばってくれることだろう。

×趣味がない→○仕事熱心、仕事一筋

「何が楽しみで生きているのだろう」と思う人には、ついつい「趣味ぐらい持ちなよ」と言いたくなる。だが、そういうタイプにも、会社ではバリバリ働いている人もいれば、家族サービスすることが何より好きという人もいる。タイプに応じて「仕事熱心」「仕事一筋の人」、「家庭を第一にする方」と言えば、相手も喜んでくれるはずだ。

×鈍い→○おっとりしている、マイペース

人とはテンポがずれて鈍い人のことを「蛍光

灯」と呼ぶ。しかし、「蛍光灯」と言ったのでは、いかに鈍い人でも、それが悪口だと気づく。傷つけないようにするには、「おっとりしている」「マイペースな人」と言い換えればいい。

×時間を守らない人→○いつもお忙しい人

都会では、時間を守れなければ社会人失格という雰囲気があるが、一方で「沖縄タイム」「和歌山時間」という言葉もあるように、多少のルーズさが許される地域もある。所変われば、価値観も変わるわけだ。かといって「のんびりした人」というのも失礼なので、時間を守れない人を「いつもお忙しい方」と呼べば、相手も怒るに怒れないだろう。

×優柔不断な人→○思慮深い人

女性に嫌われる男性のタイプといえば、「優柔不断な人」が上位にランクされるもの。同性同士でもイライラさせられることがあるが、たまにはグズグズ時間がかかったおかげで、周りの人間も考え直し、よりよいアイデアが生まれることもある。その点に着目すれば、優柔不断なタイプも「思慮深い人」と言い換えられる。

×おとなしい人→静かな人、協調性の高い人

「おとなしい」という言葉には、「元気がない」というニュアンスもあるので、うまく言い換えたい。「静かな人」と置き換えてもいいし、静かでも黙って皆について行き、付き合いはよければ、「協調性の高い人」と表現できる。

×うるさ型→論客

いわゆるひと言多いタイプは、陰では「うるさ型」と呼ばれることが多い。しかし、面と向かって「うるさ型」と言えば、ひと言どころか、二言も三言も文句を返されかねない。

そんな面倒を避けるためにも、面と向かったときには「論客」と呼んでおけばいい。

×飽きっぽい→○多趣味

飽きっぽくて、長続きしないところは、誰にでもあるだろう。そのため、人から「飽きっぽい」と指摘されると、「そういうあんたは、どうなの?」とことさらムカっとくるものだ。結局、自分に返ってくる言葉でもあるので、「多趣味」「いろいろなことに興味がおありで」と言えば、誰も傷つけることなく、丸くおさまる。

×芽が出ない人→○大器晩成型

世の中には、五〇代から始めた絵画で世界的に有名になった人もいる。どんな人も、今は芽が出なくても、将来はどうなるかはわからない。コツコツ努力を続けている人は、「大器晩成型」であるととらえて、長く付き合いたいものだ。

×意見のない人→中立的な人

会議でとくに意見も言わず、出た結論には黙々と従う人がいるものだ。それだけこだわりがなく、従順なタイプといえる。派閥を作ることもなければ、中心人物に反発することもない。そういうタイプにぴったりな言い換えは、「中立的な人」である。

×老けてますね→○大人っぽい

女性に面と向かってはもちろんのこと、噂話でも、「彼女、老けてますよね」というのは絶対のタブー。そもそも、女性の年齢や美醜にはふれないのが大人のマナー。口にするとしても、せめて「大人っぽいですね」と言い換えることだ。

◉悪口が悪口ではなくなる「言い換え」

×マザコン→○母親思いの人

和製英語の「マザコン」という言葉は、登場した頃は、子どもが母親に強い愛着を持つことを指したが、いまや親から独立できないダメ息子というイメージばかりか、〝母子の異常性愛〟の意味でも使われている。さらに〝親孝行〟までもがマザコン呼ばわりされる時代だけに、母親への愛着が感じられる人のことは、とりあえず「お母様を大切にされる方」と言い換えておくと無難である。

×無愛想→○クール、無口

たしかに、ビジネスの世界では、無愛想な人は不利だろう。しかし、無愛想な人のことをそう噂すれば、さらに無愛想になってしまうかもしれない。無愛想な人も、見方を変えれば、「クールな人」「無口な方」である。

×要領が悪い→○マイペース、正直すぎる方

何事も要領がいい人から見ると、要領が悪い人の行動はどうにも歯がゆいものだ。しかし、それをストレートに表現しては、相手も立つ瀬がない。相手がその人なりに精一杯やっていれば、「マイペースな仕事ぶり」と言えばいいし、相手がつい余計なことまで口にするタイプなら、「正直すぎるタイプ」と言い換えられる。

×悪趣味→○独特のセンス、個性的

「何なの、この服のセンス」と、思わず声に出したくなるほど、悪趣味な人がいるものだ。しかし、好みはそれぞれであり、他人がとやかく言う問題ではない。表現するのなら、「独特のセンス」「個性的」などと言い換えればいい。また、悪趣味な人というのは「個性的」

と言われるのを喜ぶものである。

×流行遅れ→○時代に流されない、信念がある

世の中には、流行をまったく気にしない人がいるものだが、見方を変えれば、そういう人は、「時代に流されない人」ともいえる。「信念がある方」「細かいことを気にされない方」と言い換えてほめておいてもいい。

×古くさい→○伝統を大切にする

アドバイスをしてくれた人の意見を「古くさい」と切り捨てたのでは、せっかくの好意が無駄になる。古くさい意見でも、それが一つの考え方であることは事実。年配の人の忠告と素直に受け止めれば、新しいものが見えてくることもあるだろう。実際、「古くさい」ことの大半は、「伝統を大切にする」ことといえる。

×性格が弱い→○ナイーブ、繊細

「性格の弱さ」は、言い換えれば「繊細さ」「感じやすい」「ナイーブ」ということになる。「性格の弱い人」も、「繊細な性格の人」と言い換えれば、不思議なもので、それが長所のように聞こえる。

×デブ→○貫禄がある、恰幅がいい

久しぶりに会ったとき、「太ったね」と言われて傷つく人は多い。人から指摘されるまでもなく、太ったことは自分が一番よくわかっているし、たいていの人は気にしているものだ。口に出して言うのであれば「貫禄が出たね」「恰幅がよくなったね」の方が傷つかないものである。

×騒々しい人→○雰囲気を盛り上げる人

騒々しい人というのは、とかくうっとうしい存在ではある。しかし、そんなタイプも、一

年に何度かは大活躍する場があるだろう。宴会である。自ら「宴会部長」と名乗る者もいるように、ふだんは「うるさい人」「騒々しい人」も、時と場合によっては「雰囲気を盛り上げる人」「場を盛り上げる人」になるはずである。

×文句が多い→自分の意見を持った人

文句の多い人は、どこにでもいるものだ。でも、そんな人に「文句が多い」と噂すれば、本人の耳に届いたとき、ますます文句を言われることになりかねない。「自分の意見を持った人」「意思のしっかりしている人」と表現しておくのが無難だ。事実、そういうタイプには、しっかりした判断基準を持っている人が多いものだ。

×うまく立ち回る人→○周囲がよく見えている人

社内でうまく立ち回る人がいるものだが、そんな人に社内事情や社員評を聞くと、ひじょうに詳しく感心させられるものだ。要するに、「何事もうまく立ち回る人」は、「周りが見えている人」「状況判断が正しい人」でもあることが多いのだ。

×無礼な人→○物怖じしない人

近年は、さすがに他人のことを「無礼者！」と怒鳴りつける人はいなくなった。しかし、無礼な人は今もいて、怒鳴りつける人がいないのをいいことに、ますます態度が大きくなっている。だが、上司にズケズケ物を言ってくれるのも、そういうタイプ。拍手を送りたいような「無礼者」なら、「物怖じしない人」と呼んでもかまわないだろう。

◉柔らかく伝えるための「言い換え」

×騒がしい→○活気がある、にぎやかな
繁華街のど真ん中のホテル。閑静な場所が好きな人にとっては「騒がしい」だけかもしれないが、「朝まで遊ぶぞ」という人たちには「活気がある」という評価になる。バンコクやジャカルタといった東南アジアの大都市も、車やバイクの騒音、商店から聴こえる音楽などで騒々しいが、アジア好きの人にとっては「活気がある」「にぎやかな」街となる。

×狭い→○コンパクトな、こぢんまりした
「大きいことはイイことだ」と言われたのは、高度経済成長期。バブル崩壊後はダウンサイジングの時代になり、狭い、小さいがキーワードだった。いまは、大小それぞれ長所、短所があると冷静に受け止める時代。「狭い」ところも、長所に注目して「コンパクトな」「こぢんまりした」と言い換えれば、そこから発想が広がるかもしれない。

×ありきたりの→○定番の、人気の
商品やサービス、あるいは人の意見や心づかいを「ありきたりの」と切り捨てるのは、大人げない態度。モノや状況に合わせて「定番の」「人気の」「よく見聞きする」「おなじみの」などと言い換えたい。

×安物→○リーズナブル
見るからに「安物」という洋服やモノでも、「リーズナブルな値段」「お値打ち品」「掘り出し物ね」と言い換えれば、相手を傷つけない。

×貸したお金→○立て替えたお金
ランチ代など一〇〇〇円ほどの貸し借りは、ときどきあることだが、額が小さいほど、借りた方は忘れてしまいがち。一方、貸した方は、忘れはしないのだが、「貸したお金を返して」とは言い出しにくいもの。そんなときは、「先日、立て替えた分」と言い換えれば、いくぶん口にしやすくなる。

×ミス→○行き違い

明らかに向こう側のミスであり、相手もそれを認めて謝っている。そんなとき、会話の中で「そちらのミス」と言うのは、追い打ちをかけるようで忍びないものだ。そこで、「今回の行き違い」と言い換えれば、相手を傷つけることなく、言う方も心を痛めることなく、その事実にふれることができる。

×まずい→○好きな人にはたまらない

友人や知人と食事をしているとき、誰かが「これ、まずいね」というと、シラけた雰囲気になるものだ。味の好みには好き嫌いもあるので、たとえ自分がおいしくないと感じても、そうは言わないのが大人というもの。問われたときには、「好きな人にはたまらない味」「私は食べ慣れていない味」「ちょっと変わった味」などと答えればいい。

×仲が悪い→○価値観が合わない

「○○さんと△△さんは仲が悪い」と言うと、たとえそれが事実でも、陰口を言っているようにも聞こえる。そういう場合は、「あの二人は、価値観が違うようです」「いまひとつ反りが合わないようですね」と言い換えれば、中傷と受け止められることなく、仲が悪いという事実を伝えられる。

■参考文献

「言葉に関する問答集総集編」文化庁（大蔵省印刷局）／「話し方の技術」坂上肇（三笠書房）／「会話とスピーチの技術」永崎一則（ＰＨＰ研究所）／「じょうずな話し方」ＮＨＫ編（ＫＫベストセラーズ）／「雑談上手になる本」中川昌彦（実務教育出版）／「ビジネスマンことばのマナー」村岡正雄（創元社）／「ビジネス日本語のルールブック」現代コミュニケーションセンター編／「話し方のマナー」「上品な話し方」塩月弥栄子（以上、光文社）／「日本語の知識百科」和田利政監修（主婦と生活社）／「広辞苑」（岩波書店）／「広辞林」（三省堂）／「日本語大辞典」（講談社）／ほか

編者紹介

話題の達人倶楽部
カジュアルな話題から高尚なジャンルまで、あらゆる分野の情報を網羅し、常に話題の中心を追いかける柔軟思考型プロ集団。彼らの提供する話題のクオリティの高さは、業界内外で注目のマトである。
本書では、ちょっと気をつけるだけで、仕事はもちろん人づきあいにグンと差がつく「モノの言い方」を大収集。この絶妙な言い回しを身につければ、周囲から一目置かれること間違いなし！

できる大人《おとな》の「モノの言《い》い方《かた》」

2007年8月10日　第1刷
2013年2月25日　第21刷

編　者　話題《わだい》の達人《たつじん》倶楽部《くらぶ》

発行者　小澤源太郎

責任編集　株式会社プライム涌光
電話　編集部　03(3203)2850

発行所　株式会社青春出版社
東京都新宿区若松町12番1号〒162-0056
振替番号　00190-7-98602
電話　営業部　03(3207)1916

印刷・図書印刷株式会社　製本・ナショナル製本

万一、落丁、乱丁がありました節は、お取りかえします

ISBN978-4-413-00901-0 C0081